수다 떠는 장애

2015년 우수출판콘텐츠 제작 지원 사업 선정작

수다 떠는 장애

전지혜 지음

장애인과 비장애인이 더불어 살아가는 세상,
수다로 편견과 차별을 넘어 따뜻한 삶을 보듬는다.

울력

수다 떠는 장애

지은이 | 전지혜
펴낸이 | 강동호
펴낸곳 | 도서출판 울력
1판 1쇄 | 2015년 11월 20일
1판 3쇄 | 2022년 11월 11일
등록번호 | 제25100-2002-000004호(2002. 12. 03)
주소 | 서울시 구로구 개봉로23가길 111, 8-402 (개봉동)
전화 | 02-2614-4054
팩스 | 0502-500-4055
E-mail | ulyuck@hanmail.net
가격 | 13,000원

ISBN | 979-11-85136-22-6 03330

「이 도서의 국립중앙도서관 출판예정도서목록(CIP)은 서지정보유통지원시스템 홈페이지
(http://seoji.nl.go.kr)와 국가자료공동목록시스템(http://www.nl.go.kr/kolisnet)에서
이용하실 수 있습니다.(CIP제어번호: CIP2015029948)」

· 잘못된 책은 바꾸어 드립니다.
· 지은이와 협의하여 인지는 생략합니다.

한국출판문화산업진흥원 2015년 우수출판콘텐츠 제작 지원 사업 선정작입니다.

지은이의 글

이 책은 장애학적 관점에서 삶의 에피소드를 풀어낸 칼럼을 모아 엮은 것이다. 그러나 처음부터 책을 만들고자 기획한 것은 아니었다. 사회복지 영역의 해외 사례에 대하여 인터뷰를 하던 자리에서, 장애인 당사자로서 경험하고 느낀 이야기를 했던 것이 서울복지재단의 웹진에 고정 칼럼을 쓰게 된 계기가 되었다. 장애와 사회에 대한 다양한 이야기를 하면서 시작된 칼럼이었기에, "수다 떠는 장애"로 웹진의 코너명을 붙였고, 그동안 많은 이들이 생각해 보지 않았던 장애와 사회 그리고 복지에 관한 이야기를 담아냈다.

2009년부터 2012년까지 무려 3년 이상의 긴 시간 동안 칼럼을 연재하였고, 이 글들을 통해 많은 이들과 인연을 맺을 수 있었다. 장애학에 대해서 알고 싶어 하는 사람들에게 장애학을 소개하기도 하였고, 장애학과 관련해 유학 문의를 하는 이들에게 유학 준비와 과정을 알려 주기도 하였고, 장애 청소년으로 살아가면서 고민하는 이들에게는 이메일을 통한 상담을 하기도 했다. 칼럼 원고를 사회복지학과 수업 시간에 자료로 활용하겠다는 분들도 있었고, 칼럼을 모아서 스크랩북을 만들어 두셨다는 현장 사회복지 전문가 분들도 계셨다. 이러한 여러분들을 만나거나 접하게 될 때마다 삶의 경험과 생각들이 모여서 세상을 바꾸는 일에 작게나마 쓰일 수 있다는 데 희망을 보았고, 대중을 대상으로 하는 글쓰기의 소중함을 알았고, 기쁘고 또 감사했다.

장애 이슈는 결코 개인이 극복할 문제가 아니다. 왜냐하면 장애인이 아닌 장애 사회가 문제이기 때문이다. 장애인을 장애인이라 낙인 찍고 인간의 다양한 모습을 수용하지 못하는 장애 사회는 개선되어야 한다. 이를 위해 장애와 관련된 기존 학문과 실천 현장에서는 장애 사회를 변화시키기 위한 종합적인 노력들을 해 나가야 하는데, 그러기 위해서는 관점과 인식의 전환이 선행되어야 한다. 따라서 복지와 장애학을 공부한 장애인들의 시선에서 해석하고 경험하는 삶의 이야기에 현장이나 학계의 전문가뿐만 아니라 한국 사회의 대중 전체가 귀 기울일 필요가 있다. 특히 우리는 현재 고령화 사회, 재난이나 질병 등이 빈발하는 예측 불가능한 사회, 인간의 다양성이 허용되고 통합될 수 있는 사회로 변해 가는 시점에 와 있다. 미래 사회를 준비하면서, "장애" 이슈는 사회의 기본 구조와 질서, 제도를 구축하면서 추가적으로 고려해야 하는 대상이 아닌, 기본적 구성 요건으로 자리매김되어야 하는 것이다. 인간의 다양성을 수용할 수 있

는 제도와 환경을 갖춘 사회를 건설해 나가는 데 관심이 있는 독자라면 이 책이 도움이 될 것이라 생각한다.

이 책은 모두 4부로 구성되어 있는데, 1부에는 장애와 사회 인식을 주제로 한 글들을 배치하여 우리 사회가 장애를 어떻게 인식하고 있으며 앞으로 어떤 변화가 요구되는지를 다루었다. 2부에는 장애, 가족, 지역사회를 주제로 한 글들을 모았는데, 장애인 당사자와 장애인 가족의 경험과 고충을 고려하면 비장애인까지 모두가 편해지는 환경을 만들 수 있다는, 지역사회의 환경 변화를 도모하는 내용의 글들이 주로 구성되어 있다. 3부에는 장애학이란 어떤 학문인지 소개하는 글들을 중심으로 배치하였고, 4부에는 사회복지와 관련된 주제들을 다양하게 담았다. 사회복지와 장애, 세상에 대한 관점의 전환에 관심 있는 이들에게 유용할 것이다.

어느덧 인터넷 검색창에서도 수다 떠는 장애의 칼럼을 찾기 어려워졌는데, 이번에 한국출판문화산업진흥원의 우수 출판 콘텐츠로 선정되어 이 글들을 책으로 엮어 출판할 수 있게 되어 매우 기쁘다. "수다 떠는 장애"에 글을 쓸 수 있도록 기회를 주신 안철홍 서울복지재단 차장님과 우수 출판 콘텐츠 신청에서부터 선정에 이르기까지 도와주신 울력 출판사 강동호 사장님께 감사드린다. 또한 장애와 사회에 대하여 공부할 수 있도록 지지해 주신 교수님들과 장애인 복지와 장애학 연구자로서 살아가며 학생들을 가르칠 수 있는 장을 열어 준 인천대학교에도 감사드린다. 이 책이 더 많은 독자들과 소통할 수 있는 계기가 되길 바라며, 독자들이 세상을 보는 시선을 바꾸는 데 조금이라도 기여했으면 하는 바람이다.

바다가 보이는 인천대 연구실에서

2015. 10

차례

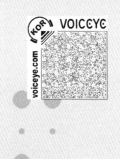

1부

장애와 사회 인식

44에서 88까지 : 비만은 장애다

 다시 여름이다. 대한민국에 4계절이 있어 아름다운 산천을 볼 수 있고, 도시 속에서도 공기의 색깔이 변화하는 것을 느낄 수 있다. 그중에서도 알알이 청포도가 열리는 계절인 여름은 내게 좀 특별한 계절이다. 왼팔에 의수를 사용하고 있는 나는 무더운 여름날 반팔 옷을 입을 수 없기 때문이다. 매년 초여름이 되면 유난히 옷 입을 때마다 신경질적이 되고는 했다. 더운 여름날 비장애인들도 불쾌지수가 올라가겠으나, 장애인들의 불쾌지수는 더 높지 않을까? 의족 사용자들은 체중이 전부 의족에 실리기 때문에 살갗이 짓무르고 피가 나기도 한다고 들었다. 그보다는 나을지 모르나 의수 안에서 짓무른 내 둥근 왼팔을 보면 안쓰럽고 슬퍼지기도 하고 어서 빨리 여름이 지나가기만을 바라게 된다.

 그래서 추운 날씨로 유명한 시카고로 유학을 가게 되었을 때, 내심 좋아했었다. 더운 날씨, 옷 입기, 의수로부터 자유를 누릴

생각을 하니 참 좋았다. 더운 날씨인 여름 한철을 피할 것만 생각하고 좋아했다. 미국이란 곳이 젖과 꿀이 아닌 버터와 치즈, 크림이 흐르는 땅이라는 것을 망각했었던 모양이다. 미국에서 지낸 3년간 몸무게가 15킬로그램이나 늘어났다. 이제는 의수로 인해 여름 한철 외출이 어려운 것이 아니라, 사철 내내 옷 입기에 제약이 따른다. 대학생 시절 44나 55 사이즈의 옷을 입었건만, 복부에 집중적으로 덕을 쌓게 된 나는 이제 77이나 88 사이즈의 옷을 입는다. 하지만 옷의 사이즈는 문제가 아니다. 사람들의 반응이 놀라울 뿐이다. 사실 몸무게가 늘어나는 동안 나 스스로는 큰 스트레스를 받지 않았다. 미국에서는 여전히 중간 정도의 체격이었고, 미국의 친구들 역시 내게 아무도 뚱뚱하다는 말을 하지 않았다. 때문에 88 사이즈가 되었음에도, 내 몸이 비정상이거나 보기 안 좋다고 여기지 않았다. 과거나 지금이나 나는 같은 나일 뿐이니까 말이다.

문제는 한국에 방문했을 때부터 시작되었다. 아버지께서는 공항에서 나를 알아보지 못하셨다. 불과 일 년 만에 서울에 방문했건만 "웬 아줌마가 나오는 줄 알았어"라던 아버지의 말씀은 내 달라진 몸에 대한 사회적 반응의 시작에 불과했다. 친구들은 묻지 않아도 한방 다이어트를 추천했고, 만나는 사람들 속에서 내 늘어난 몸무게는 화젯거리가 되었다. 커피숍에서 기다리던 한 선배는 "무슨 곰 한 마리가 들어오는 줄 알았다"고도 하였고, "노력하면 다시 예전처럼 될 수 있어"라고 용기를 북돋아 주기도 했다. 나 자신은 아무 문제가 없는데 주변에서 나를 문제가 있다고 판단하고 대하는 것이었다. 옷가게에서는 "손님 사이즈는 저희 가게에서 취급하지 않습니다"라는 말을 듣게 되었고, "임신하셨나 봐요. 아기만 낳으면 날씬해지시겠는 걸요"라는 말도 들었다. 사람들의 반응을 접하면서 나 자신이 살이 많이 쪘다는 것을 현실로 받아들이게 되었고, 사람들을 만나기 싫어졌고, 무엇보다 마음이 너무 무거워졌다.

장애로 인해 이미 남들과 다른 몸이어서 그럴까? 난 살이 찐 내 몸이 부끄럽지 않았는데, 주변의 반응들로 인해 살찐 자신이 싫어지고, 우울해지게 되었다. 그러면서 내린 결론은 "비만은 사회적으로 장애와 매우 동일시된다"는 것이었다. 장애 범주상 비만인 사람은 내부 장애에도 외부 장애에도 포함되지 않는다. 아직 장애는 의료적인 관점에서 주로 판단되기 때문이다. 그러나 사회적으로 경험하는 차별적 대우는 신체 장애인과 다를 것이 없다. 비만은 의학적 장애라기보다는 사회적 장애인 것이다. 남과 다르다고 스스로 뭔가 문제 있는 존재로서 인지하는 것에서, 사회적 차별의 경험이나 사회적 통념과의 내적 전투, 그리고 재활(다이어트를 통한 치료)에 이르기까지 비만인의 경험은 장애를 경험하는 것과 유사한 부분이 있다.

장애를 가지고 살아가는 것의 가장 보편적인 경험이자 가장 힘겨운 싸움은 사회적 시선과의 전쟁이다. 시각장애인인 로드 미칼코(Rod Michalko)는 그의 책 『장애가 만드는 차이(The difference that disability makes)』에서 장애는 타인의 시선 속에서 탄생한다고 표현했다. 내 경험과 장애를 가진 친구들의 경험도

그러했다. 기능상의 제약으로 인해 난 장애인이구나 하는 것을 알게 되는 것이 아니라, 사람들의 다른 시선들로 인해 내가 남들과 다르다는 것을 알게 되고, 스스로를 장애인으로 인지하며, 장애인의 사회적 지위를 체득하는 것이다. 그런데, 다른 몸으로 인해 사람들의 시선을 끄는 이들은 비단 장애인뿐일까? 비만이나 과체중인 경우에도 크게 다르지 않다. 한국 사회의 외모에 대한 관심은 전 세계에서 유래를 찾기 힘들 정도로 대단하다. 성형 한국이라고 불릴 만큼 한국인들은 멋진 외모 만들기에 열을 올리고 있다. 곳곳마다 다이어트 관련 제품과 프로그램에 대한 광고가 널려 있고, 모발 이식에서 종아리 근육 수술에 이르기까지, 얼굴은 물론이고 머리부터 발끝까지 성형을 권하는 사회가 되었다. 그 속에서 장애인들과 장애 범주에는 속하지 않으나 철저히 사회적 장애를 경험하고 있는 비만인은 열등한 존재로 낙인찍히게 되고, 스스로도 그 사회적 낙인을 내재화한다.

특히 고용상에 있어서의 차별을 보면 비만이 곧 장애와 동일시된다는 것을 알 수 있다. 얼마나 많은 취업 준비생들이 다이어트로 인해 고통 받고 있는지 생각해 보면 쉽게 이해될 것이다. 비만 여성의 경우, 취업 시 당하는 불이익은 더욱 분명하게 존재한다. 고용, 결혼 등 인생의 과업을 수행하는 관문마다 사회적 차별을 경험한다. 비만에 대한 사회적 통념은 '게으름, 자기 관리의 실패, 느림, 똑똑하지 않음, 둔함' 등으로 나타난다. '착한 몸매'라는 말이 나올 정도로 이제는 외모가 성격에 사용하는 용어인 '착한'이라는 형용사까지 차지하여, 사람의 인성

보다 우선시되고 있다. 열등의 이미지를 장애인에게 부여하듯이, 우리 사회는 우월과 열등의 이데올로기 속에서 열등의 이미지를 비만인에게도 똑같이 부여하고 있는 것이다. 비만인이 경험하는 사회적 통념과 차별은 이미 장애인과 전혀 다를 바가 없다. 그리고 재활 치료의 대상으로 장애인들을 바라보는 것과 마찬가지로, 또한 비만이나 비만의 가능성이 보이는 사람들을 치료의 대상으로 전락시킨다. 다이어트를 하느라 고군분투하는 모습은 재활 병동에서 걷기 연습을 매일 3-4시간씩 힘겹게 해내야 하는 장애 아동의 모습을 연상시키기도 한다. 장애인과 비만인 모두 사회에서 요구하는 바람직한 인간형에 포함되지 않고, 수정의 대상이 되는 것이다.

미국에서는 장애인법(ADA)에 의거하여 병적 비만에 대해서는 장애로 인정하고, 고용 차별을 경험한 사람은 권리 구제의 대상으로 인정하는 추세이다. 자발적으로 원해서 비만이 된 것도 아니고, 업무의 성격과 관련하여 비만이 업무에 현저한 지장을 주지 않음에도 불구하고 비만을 사유로 고용상 차별이 있다면 시정 권고 조치를 내리는 것이다. 비만인이나 AIDS 보균자를 장애의 범주에 넣어야 하는가의 문제에 대해서는 해외에서 많은 논의가 이루어졌다. 한국의 경우, 최근에 들어서야 장애인 인권 신장을 위한 사회적 노력들이 진행되면서 이런 화두를 던지고 있지만 말이다. 이는 장애의 기준을 무엇으로 삼는가와 관련된다. 의학적 잣대만을 드리워 적용한다면, 이러한 비만의 문제는 어떻게 바라볼 수 있을까? 사회적 잣대를 기준으로 하는 장애 범주화 작업이 다시 이루어져야 하는 것은 아닌가? 학문적 영역에서 회자되고는 있으나 현실 적용의 벽은 높기만 하다.

　다시 여름인데, 이를 악물고 다이어트를 해서 과거의 44 사이즈로의 회귀를 도모할 것인지, 내 사이즈의 옷을 고르는 일이 어렵고 사람들의 시선과 반응들을 감당하는 일이 어렵더라도 당당한 88 사이즈의 몸으로 여름을 버텨 볼 것인지 아직 좀 더 생각해 봐야겠다. 어쩔 수 없는 부분(팔의 장애)이 아닌, 어쩔 수 있는 부분(살찐 몸)은 최선을 다해 사회적 기준에 맞춰 보는 게 어떠냐는 조언이 떠오르는 것을 보니, 이런 글을 쓰는 나조차도 결국 다이어트라는 걸 해야 할까 보다.

줄넘기 대신 훌라후프를 넘는 아이

무더운 여름이다. 매미 소리가 거리에서도, 아파트 뒤편의 나무에서도 울려 퍼지는 계절이다. 이즈음에는 가족들끼리 여름 휴가를 다녀오거나 아이들은 여름 숲속 캠프를 가곤 한다. 나도 매년 여름방학이 되면 장사하시는 부모님을 떠나 파주 할아버지 댁에 가서 두 달 정도 살다 오거나 학교나 교회에서 주최하는 여름 캠프를 갔었다.

첫 여름 캠프는 초등학교 2학년 때였다. 9살의 나이에 학교에서 갔던 어린이 숲속 여름 캠프로 담임선생님의 인솔 하에 3박 4일 정도 다녀온 기억이 난다. 이순신 장군 기념관 같은 데도 갔었고, 하루 종일 아스팔트 위를 걸으며 극기 훈련을 한 기억도 난다. 산길도 하염없이 걷고 밤에는 귀신으로 분장한 교관 선생님들과 담력 훈련도 한 것 같다. 이 모든 여름날의 캠프에 대한 기억들이 9살 여름에 겪은 일인지 그 이후의 캠프와 혼합된 기억인지 확실하지는 않지만, 초등학교 시절 여름이면 꼭

야영을 하고 체험 훈련을 갔었다.

　그때마다 난 아마도 특별 관리 대상이었던 것 같다. 장애가 있다 보니, 인솔 교사가 좀 더 관심을 가지고 프로그램을 진행했겠지만, 그때 나는 유치하게도 선생님이 나를 다른 학생들보다 예뻐하는 거라고 생각했었다. 늘 어디를 가든지 선생님은 나를 대열의 맨 뒤에 세우고 내 뒤에 바로 따라오셨다. 몇 시간 동안 아스팔트길을 걷거나 산행을 할 때 뒤에서 챙겨 주던 발걸음과 손짓들의 느낌은 아직도 흐릿하게나마 남아 있다. 초등학교 2학년 담임선생님에 대한 기억은 이렇게 얼굴이 아닌, 그 느낌으로, 그리고 사생 대회 때 찍은 반 친구들과의 빛바랜 사진 속 기억으로, 내게 지금 남아 있다.

　그리고 시간이 흘러, 내 나이 26살이 되던 해, 〈TV는 사랑을 싣고〉라는 프로그램이 유행이었고, 인터넷을 통해 친구 찾기나 은사 찾기가 한창 인기 있었던 때였다. 비오는 어느 날, 어머니께서 "지혜야, 김창권 선생님 찾아볼래?"라고 하셨다. 잘 기억도 안 나고, 만나도 할 말이 없을 것 같아서 주저하다가, 그래도 한 번 찾아뵐까 하는 생각에 교육부 웹페이지에서 제공하는 은사 찾기 프로그램을 이용하여 선생님의 행방을 찾아보았다. 선생님은 이미 퇴직하셨고, 예전에 내가 다닌 초등학교에서 멀지 않은 곳에 살고 계셨다. 이름 석 자로 사람을 찾을 수 있는 세상, 참 신기했다. 선생님은 개 4마리를 키우며 젊은 노년을 보내고 계셨다. 전화를 드리고 소개를 하자, 너무나 반갑게 기억해 주셨다. 그렇게 17년의 세월을 넘어, 나는 선생님 댁에 가서 저녁도 먹고, 서재도 구경하고, 담임 맡으셨던 아이들 사진도 다 구경하게 되었다.

내가 선생님 반 학생이었을 때는, 담임 맡은 반에 장애아가 둘이나 들어와서 상당히 부담되었던 해였다고 하셨다. 내 기억 속에는 없는데, 우리 반에 지적장애를 가진 친구가 있었다고 한다. 팔 하나 없는 나보다 지적장애가 있던 그 친구가 마음이 많이 쓰였던 해라고 하셨다. 선생님은 나와 그 친구의 이야기로 나중에 교사 수기를 써서 교육부 장관상까지 받으셨다고 했다. 서재 틈바구니에 먼지가 수북하게 쌓인 그 수기집을 보여 주셨는데, 내 기억 속에는 없는 나의 어린 시절을, 담임선생님의 눈으로 볼 수 있었다. 그 수기 속의 내 이름은 가명으로 (지)혜전이었고, 체육 시간에 줄넘기를 대신해서 훌라후프를 뛰어넘던 나의 과거가 그 안에 있었다. 수기를 읽고 나니 기억이 났다. 학교에서 줄넘기를 한다는데, 한 손으로 줄넘기를 할 수 없어 속상해 하던 내게 엄마는 훌라후프를 사다 주셨다. 큰 원의 후프를 한 손으로 돌리면 줄넘기처럼 넘을 수 있으니, 그것으로 대신하라고 했었고, 이후에 중학교에 가서도 줄넘기로 체육 수업을 할 때면 난 훌라후프를 넘었다. 줄넘기보다 빠르지는 않았지만 일 분에 60번도 넘었던 것 같다.

교사 수기집 속에서 만난 나는 열심히 사는 한 아이였을 뿐이었다. 다른 아이들과 다른 점은 줄넘기 대신 훌라후프를 넘는다는 것뿐이다. 선생님도 처음에는 내 걱정을 많이 하셨지만 나중에는 별로 신경 쓸 일이 없었다며, 그런 연유로 교사 수기에서도 혜전이로 나오는 나는 주인공이 아니고 조연이었다고 말씀하시며 크게 웃으셨다.

나에겐 이런 좋은 선생님에 대한 기억이 많다. 나를 정말 다른 아이들과 다를 것이 없다고 생각하셨던 초등학교 6학년 때 담임선생님과는 졸업 이후에도 계속 연락하고 지냈다. 선생님은 그때 같은 반이었던 친구들과도 만나며, 애들 결혼식에도 참석하신다. 반 친구들끼리 결혼하면 주례도 서 주시고 축의금도 두 배로 하시겠다는 선생님이 참 좋다. 애들이 뽑아 준 반장 자리도 포기하라고 했던 고등학교 담임선생님마저도 그 마음을 알기에 감사하다. 과제물을 걷어 오기 힘드니 반장은 반에서 가장 덩치가 좋은 애가 해야 한다던 선생님. 그때는 참 미웠는데, "반장 할래요"라고 말하고 나서 아이들과 함께 잘해 내는 나에게 나중에는 미안하다고 하셨던 선생님이다. 아빠가 위암으로 위독하셨을 때, 야간 자습 시간에 울기만 하는 나에게 인생의 회초리를 드셨던 선생님. 인생에 네가 넘을 고비가 얼마나 많은데, 이런 일로 울고만 있느냐, 정신 똑바로 차리고 살아야 한다고 야간 자습 시간에 따로 운동장에 불러 세워 야단을 치셨던 선생님께도 감사하다. 이해하고 배려하는 마음들, 학생에게도 사과할 줄 아는 선생님, 인간적이고 친구 같은 선생님, 흔들리는 시기에 잡아 세워 주신 선생님들이 참 좋고, 보고 싶고, 감사하다.

이 선생님들의 공통점은 나를 장애가 있는 학생으로 기억하지 않으신다는 점이다. 그냥 있는 그대로 기억하신다. 가끔 의사들이 환자를 칭하여 이야기할 때, 이름을 부르지 않고, 몇 호실 척수 손상 환자, 또는 뇌성마비 환자 등 병명으로 부르는 것을 듣게 된다. 의료 기관에서 일하다 보니 그럴 수도 있겠지만, 내 귀에는 이것이 너무나 거슬린다. 한국에 다녀간 적이 있는 켈리라는 친구에 대하여 한국에 있는 어떤 친구가 "그 미국인 친구 잘 있어?"가 아니라, "그 뇌성마비 친구 잘 있어?"라고 물었던 적이 있다. 그때 나는 "응, 근데 누군가 너한테, '팔 없는 친구 잘 있어?'라고 말한다면 넌 기분이 어떨 것 같니?"라고 말했다. 별스럽지 않은 것에 대해서 민감하게 반응하는 것이라고 볼 수도 있겠지만, 나는 장애 명칭으로 기억되고 불리는 것보다 그냥 한 사람으로서 기억되고 싶다.

학급 친구들이 외팔이라고 놀리고 후크 선장 같다고 놀렸던 초등학교 2학년 때, 매일 집에 와서 울자, 엄마는 "그 아이들이 못하고 네가 더 잘하는 게 뭐니?"라고 물으셨다. 그림을 내가 더 잘 그리는 것 같다고 하자, 그 친구들에게 미술 시간에 그림을 그려 주라고 하셨다. 매일 놀리고 못살게 굴며 나를 넘어뜨리던 남자아이에게 그림을 그려 주었다. 그 이후 너무나 놀랍게도 그 친구는 나를 외팔이라고 놀리지 않았다. 그때부터 그림 그리기를 더욱 좋아했던 것 같다. 외팔이로 기억되는 것이 아니라, 그냥 줄넘기 대신 훌라후프를 넘던 아이로 기억되고 싶다. 그냥 그림을 잘 그렸던 아이로 기억되고 싶다.

장애인들에게 필요한 것은 동정과 사랑, 자비심이 아니다. 권리에 대한 인정, 상황에 대한 이해, 그리고 예의 있게 배려하는

마음들이다. 이런 마음과 태도들이 있을 때, 장애인을 장애인이 아닌 한 사람으로 기억할 것이다. 장애는 그 사람의 특성일 뿐 그 사람 전체를 대변하는 것이 아니므로, 우리를 부를 때 장애 명칭이 아닌 이름으로 기억하고 불러 주었으면 한다.

"내가 그의 이름을 불러주기 전에는/그는 다만/하나의 몸짓에 지나지 않았다.//내가 그의 이름을 불러주었을 때/그는 나에게로 와서/꽃이 되었다."는 김춘수의 시도 이미 말하고 있지 않는가.

의수와 하이힐

　왼팔이 없다. 아니, 있다. 다름 아닌 플라스틱과 고무로 된 의수가 나의 왼팔이다. 남들에게는 신체의 일부인 것인데, 내겐 떼었다 붙였다 할 수 있는 장신구이다. 처음으로 나의 왼팔을 만난 것은 대학 입학을 기다리고 있던 겨울이었다. 학교 입학 선물로 부모님께서 의수를 해 주셨다. 이제 아가씨니까 예쁘게 하고 다니라고 재활 병원에 데리고 가서 맞추어 주셨다.

　학교와 집, 학원만 알던 내게 병원은 새로운 공간이었다. 더군다나 나를 장애인으로 받아들이지 못했던 당시로서는 병원에서의 순간순간이 낯설었고, 내가 있을 곳이라고 느껴지지도 않았다. 나와 같은 몸을 가진, 팔다리가 절단된 사람들을 만났던 곳, 소름이 돋고 눈이 크게 떠졌던 곳이었다. 그곳에서 나는 남은 인생을 함께 할 나의 왼팔을 만났다. 물건을 잡을 수 있도록 움직이는 손을 만들었다. 손가락이 하나씩 움직이는 것도 아니었고 손목이 움직이는 것도 아니었다. 축은 고정된 채 근육

이 움직여야 하는 손목이나 손가락 마디마디가 움직이는 손을 만들려면 기술의 발전이 더 필요하고 아직 요원한 일이라는 설명도 들었다. 그래도 엄지와 나머지 손가락들이 벌어졌다 오므려졌다 하는 의수를 요청했다. 사이즈를 재고, 본을 뜨고, 여러 과정을 거친 다음, 독일에서 수입 의수가 도착했을 때 병원을 다시 찾았다. 여기저기서 장애인 아저씨들이 재활 치료 중이었고, "내 다리 내 놔" 또는 "내 팔이 어디 갔지?" 그런 이야기들이 들렸다. 〈전설의 고향〉에 나온 덕대골 이야기가 떠오르는 순간이었다. 그중에 내 팔도 다른 사람의 몸에 연결되어 있는 것을 발견했다. 나이든 한 아저씨가 전동 의수 이용 연습을 하고 있었다. 기분이 이상했다. 내 몸이 다른 사람의 몸에 연결된 그런 기분이랄까. 이내 부지런히 걸어가서, "제 거예요"라고 말하며 찾아왔다. 그날부터 이 움직이는 팔을 사용하기 위한 연습에 들어갔다. 절단된 왼팔 부위의 남은 신경을 움직여서 전동 의수의 손가락을 오므렸다 벌렸다 하는 연습을 해야 했다. 자꾸 실패하고, 내 뜻대로 되지 않았다. 긴장하면 더욱 오므라지기만 해서 다른 사람과 악수를 하는 일은 절대로 안 된다는 이야기도 들었다. 힘이 너무 세서 유리컵이 부서지기도 하고, 악수를 하고 힘 조절을 못하면 상대방의 손뼈가 으스러진다고도 했다.

어느새 나는 신이 났다. 절단 장애를 가지신 분들이 왜 웃으면서 서로 '내 다리 내 놔라'와 같은 말을 하는지 조금 알게 되었다. 나는 '소머즈나 슈퍼맨처럼 다른 능력을 갖게 되는 걸까?' 하는 마음도 들었다. 어린 시절의 기억에서처럼, 누군가 나를 외팔이라고 놀리면, 가서 악수나 청해 볼까 하는 고약한 마음도 들었다. 남들이 평범한 팔을 가졌다면 나는 좀 더 특별한 팔을 가졌으니 얼마나 신나는 일인가? 팔이 없다는 우울감에서 벗어나, 잠시 공상 과학 영화 속의 수많은 장면들과 오버랩 되면서 들뜬 기분으로 변하였다. 아마도 영화 〈엑스맨〉은 그런 연유에서 나온 것이 아닐까 하는 생각도 든다. 정상이 아닌 사람들이 특별한 능력을 가졌다는 이유로 사회에서 배척당하는 내용, 그리고 그들이 힘을 모아 저항하는 공상 과학 영화가 내게는 장애인의 영화로 해석되었다. 더군다나 팔의 표피를 들추고 특수 건전지를 꺼내어 밤마다 핸드폰처럼 충전을 하고 아침에 팔 아래에 다시 삽입하는 경험은 내가 마치 기계 인간이 된 것 같은 기분이 들게 했다. 주변사람들의 반응도 뜨거웠다. 악수를 청하기도 했고, 왜 진즉에 의수를 하지 않았느냐, 장애가 눈에 띄지 않으니 얼마나 좋으냐는 이야기를 많이 들었다. 정말 그랬다. 왜 우리 부모님은 이제야 의수를 만들어 주셨는지 서운했다. 사람들이 나를 쳐다보지 않는다는 것은 또 다른 세상을 경험하는 것이었다. 가끔씩 뚫어지게 쳐다보는 사람들이 있기는 했지만, 그냥 스치는 사람들은 내 장애를 쉽게 알아채지 못했다.

그러나 그 움직이는 의수를 사용한 것은 채 한 달이 되지 않았다. 너무 무거웠다. 팔 끝에 3킬로그램의 무언가를 늘 들고 다닌다고 생각하면 누구나 이해할 것이다. 온종일 팔에 끌려다니는 난 너무나 피곤했다. 소머즈가 되고 싶은 마음에 전동

의수를 고집했으나, 결국 다시 병원에 가서 플라스틱에 고무가
씌워진 미용 의수를 맞추게 되었다. 전동 의수는 한동안 옷장에
넣어 두었으나, 옷장을 열 때마다 나 자신도 깜짝깜짝 놀라게
되는 공포 영화의 한 장면을 연출하곤 했으므로, 어떤 의수족
연구소에 연구용으로 드렸다. 나의 첫 번째 왼팔과 그렇게 이별
했다. 두려움과 설렘과 환희의 감정들을 선물했던 그 녀석은 아
쉬운 마음을 남겨 둔 채 떠나갔다. 전동 의수 이후 더러워지고
닳은 고무 표피를 바꾸면서 여러 개의 왼팔(미용 의수)이 나를
찾아왔었다.

지금도 나는 미용 의수를 사용한다. 깁스를 한 것처럼 플라스
틱에 조여져 있는 남은 왼팔은 살갗이 짓무르거나 까지기도 한
다. 또한 움직이지도 않는, 단지 미용을 위한 마네킹 팔에 불과
하다. 그런데 왜 매일 미용 의수를 착용하는 것일까? 나에게 의
수란 무엇일까? 나는 장애가 부끄럽다고 여기는 것일까? 장애
학을 공부하고 장애 인권을 논하는 사람이 의수를 착용하고 장
애를 감추는 것은 말과 행동이 다른 사람이 되는 것은 아닐까?
생각이 많아졌다. 미국에서는 의수를 사용하지 않았으면서 왜
한국에 오면 공항에서부터 의수를 착용하게 될까?

처음 의수를 사용하게 되었을 때, 타인의 시선으로부터 해방
된 기분은 새 세상에 살게 된 기분이었다. 그런데 나는 지금 다
시 고민한다. 이제는 나의 장애를 스스로 인정하고 받아들였기
때문일 것이다. 나는 남과 다른 외양을 가진 것인데, 이를 가리

기 위해 불편한 의수를 해야 하는 것인지 스스로 의문이 든다. 기능적인 면에서는 의수를 착용하는 것이 참 불편한 일이기 때문이다. 의수를 하지 않고 생활하면 남은 왼팔로 사물을 들거나(양손으로 물건을 드는 일), 왼쪽 무릎과 뭉툭한 왼팔 사이에 종이를 고정하고 가위질이나 바느질을 하기도 하며, 도마에 과일이나 야채를 올려두고 왼팔의 팔꿈치로 누르고 껍질을 벗기거나 채썰기를 할 수도 있다. 그런데 의수를 착용하면 장애인으로 보이지 않는다는 장점만 있을 뿐, 그 외의 장점은 없다. 남들은 내가 의수를 안 하면 장애인으로 보인다고 말하지만, 사실 나는 의수를 하면 기능적인 면에서 장애인이 된다. 매일 집에 들어가면 가장 먼저 하는 일이 의수를 분리하여 던져 버리는 일이다. 타인의 시선에서 자유롭기 위해 감옥 속에 들어가 있던 나의 왼팔은 비로소 집 안에서 자유를 찾는다.

나 스스로 왜 의수를 하는가에 대한 물음에 답을 해야만 마음이 편할 것 같다. 그런데, 갑자기 답이 나왔다. 미국인 친구 켈리가 서울에 와서, '너는 미국에서 안 하던 의수를 왜 착용하느냐'고 물었던 그 순간에 말이다. "음… 의수는 내게는 하이힐 같은 존재야"라고 답했다. "신으면 매우 불편하지만 좀 더 맵시 나는 차림을 위해서 많은 여성들이 외출할 때 신는 신발이 하이힐인 것처럼, 장애인인 내가 좀 더 예쁘게 치장하는 것 정도로 생각할 수 있잖아"라는 답이 불쑥 입에서 튀어나왔다. 그렇다. 불편하고 힘들어도 많은 여성들이 파자마 같은 편한 차림으로 사회생활을 하지 않는 것처럼, 나도 그 정도로 생각하기로 했

다. 의수는 내게 장신구이다. 이 글을 읽는 누군가가 신고 있을, 약간 불편하지만 피할 수 없는 하이힐처럼 말이다. 여성들이 하이힐에서 해방될 즈음이면 장애인들도 미용을 위한 보장구로부터 해방되지 않을까 하는 또 다른 상상을 해 본다.

슈퍼맨보다 엑스맨

70, 80년대에 태어난 이들은 어린 시절에 저마다 "~맨" 시리즈에 열광했던 기억이 있을 것이다. 그 기억 속 시절은 슈퍼맨, 배트맨, 울트라맨, 스파이더맨, 원더우먼, 후레쉬맨 등 영웅들의 이야기에 감격했고, 지구는 이 영웅들이 지킨다고 믿었던, 그런 순진무구했던 때였다.

그러나 2000년대에 들어오면서 영화계에 새로운 맨이 출현했다. 바로 엑스맨이었다. 영웅도 아니었고, 단 한 명의 주인공 캐릭터가 선을 대표하는 이미지로 지구와 시민을 지키는 콘셉트도 아니었다. 오히려 엑스맨은 사회적 약자를 상징하고 있었다. 영화 속에서는 다수의 다양한 엑스맨들의 세계와 그들의 고뇌가 그려졌다. 그랬기에 포스터에도 "가장 강한(the strongest)"이라는 문구 대신에 "가장 이상한(the strangest)"이란 말로 엑스맨을 설명하고 있었다. 가장 이상한 존재들로 명명된 이 엑스맨들은 오늘날 이 시대를 살아가는 장애인들로 재해석해 볼 수

있지 않을까 한다. 장애인도 엑스맨도 시대의 '돌연변이'이기 때문이다.

영화 속의 엑스맨은 다양한 능력을 가진 돌연변이를 의미한다. 십여 명의 엑스맨들이 등장하는데, 외모는 평범한 인간의 모습이지만, 그들에게는 이유 없이 태어날 때부터 이상한 능력이 하나씩 있었다. 울버린은 어떤 물건도 파괴할 수 있는 갈퀴를 가졌고, 파이로는 불을 자유자재로 다루어 불꽃 폭탄을 날리기도 한다. 스톰은 날씨를 맘대로 바꿀 수 있고, 미스틱은 주변 인물로 언제든 변할 수 있는 능력을 가졌다. 그 밖에도 다양하고 신기한 신체적 개성과 특징을 가진 엑스맨들이 출현한다.

이들은 평범하게 살길 원하지만, 세상은 이들을 철저히 억압하고 제거하고자 한다. 사회에 위협적인 존재라 여겨졌기에, 이들을 사회에서 없어져야 할 대상이라 이미지화하고, 대중으로부터 고립시키며, 정부와 군부가 함께 이 엑스맨들을 탄압한다. 정부의 엑스맨들에 대한 탄압과 엑스맨들의 저항이 영화의 주된 내용이다. 그러나 이 영화는 단지 전쟁의 내용만을 담고 있지 않았다. 기존의 슈퍼맨과 그 아류작들에 등장하는 캐릭터와는 달리, 엑스맨은 영웅이 아닌 사회적 소수자이기에, 그들의 고뇌와 정체성의 갈등, 주류 사회와 대립하며 나타나는 엑스맨들끼리의 내부 갈등 등이 영화의 중요한 줄거리가 된다. 일반적인 블록버스터 영화와는 달리, 소위 주류와 비주류의 관계에 대해서 이 영화는 상당히 많은 분량을 할애하고 있다. 그렇기에, 장애와 사회의 관계를 바라보면서 엑스맨의 이야기를 떠올리게 되는 것은 자연스런 일일 것이다.

엑스맨 영화를 보았던 것은 여러 해 전의 일이지만, 엑스맨들이 정체성의 혼란을 겪다가 살아남기 위해 결국 정부와 군에 대항하기로 힘을 모으는 과정은 또렷하게 기억난다. 장애학 공부를 시작하기 전이었음에도, 그들이 한 명씩 자신의 문제가 모두의 문제임을 자각하고 연대해 나가는 모습 속에서, 장애인들의 문제의식과 연대의 과정이 저렇지 않을까 하는 생각을 했었다. 엑스맨들은 저마다의 삶의 현장에서 "왜 난 이렇게 태어났을까"라며 괴로워했고, 사람들 속에서 소외당하면서 자신의 처지를 비관하고 저주하기까지 했다. 장애인들이 자신의 장애에 대해서 심리적으로 수용하지 못하고 개인적인 불운의 탓으로만 돌리는 모습과 너무나 닮아 있었다. 영화를 보았던 당시의 내 마음도 돌연변이라는 자신의 운명에 가슴 아파하는 주인공 울버린과 같았기에, 더욱 이 영화가 가슴에 깊이 남았던 듯하다. 영화가 짧은 시간 안에 많은 세월의 이야기를 보여 주기 때문인지, 엑스맨들은 꽤 짧은 시간 내에 자기 정체성을 찾아가는 과정 속에서 주류 사회에 대항하여 싸우기로 결정한다. 비슷한 고민을 하는 친구들을 모으고, 전쟁을 치르자고, 살아남자고 하면서 영화는 끝이 났다. 이유 없이 울컥했다. 아무런 잘못도 하지 않은 그들이 단지 사회의 체제 유지에 도움이 되지 않는다는 이유만으로 제거의 대상이 되는 것은 너무나 억울한 일이 아닌가? 영화에 몰입했던 관객이라면 모두 울컥했을 것이다. 장애인이라는 이유만으로 축복받지 못한 출생이 되고, 낙태의 대상이 되거나 격리의 대상이 되는 현실과 참 똑같다. 억울한 일이다.

이 영화는 1963년『마블코믹스』라는 미국 만화 잡지에 연재된 것을 토대로 한 것이라고 한다. 원본은 2차 세계대전 후 반전운동과 함께 히피 운동, 인권 운동이 활발하게 전개되던 시대상을 반영한 만화였다고 한다. 이후, 엑스맨의 감독은 동성애자, 이교도, 장애인, 여성, 유색인종 등 미국 사회의 다양한 소수자의 특성을 빌려 캐릭터를 만들어 내고 그들에 대한 억압과 저항을 영화에 담아낸 것이다. 이런 배경을 이해하고 나니, 장애인으로서 느끼는 시대의 외톨이 같은 마음과 그들끼리 연대하는 모습을 보며 울컥했던 기분도 까닭이 없지 만은 않았던 듯하다.

재미있는 것은 엑스맨들 사이에서 나타나는 내부 갈등의 모습이다. 1, 2부에서는 정체성 혼란과 연대를 통한 저항 정신이 그려졌다면, 3부에서는 엑스맨들이 사회에 저항하고 또 통합되는 방식들이 묘사된다. 엑스맨의 돌연변이적 속성을 없애는 큐어(cure)라는 치료제가 개발되고, 인간 사회에 편입될 것인가의 문제를 둘러싸고 갈등이 증폭된다. 일부 엑스맨들은 치료제를 선택하고, 다른 엑스맨들은 저항한다. 사회에 편입되고자 하는 엑스맨들은 자신의 정체성 인정과 사회적 지위 확보의 방법이 아니라, 지극히 주류 사회가 원하는 방식대로 치료를 통해 사회에 통합된다. 반면, 저항 정신이 강한 이들은 치료제를 거부한다. 소수자 집단 내에서도 사회와 관계를 맺어 가는 방식은, 그리고 그들의 선택은 이처럼 다양하게 나타나고 있다.

실제로 장애계도 그와 같은 갈등의 역사를 보여 준다. 그리고 그 선택의 역사는 지금도 현재 진행 중에 있다. 줄기세포 연구를 통해서 특정 장애를 치료할 수 있다는 과학계의 노력이 조금씩 성과를 거둘 때마다, 장애계는 엑스맨들처럼 입장 차이를 보인다. 예를 들면, 영화 〈슈퍼맨〉의 주인공이었던 크리스토퍼 리브는 낙마 사고로 전신 마비 장애인으로 살다가 몇 년 전에 생을 마감했다. 그는 재활 치료에 혼신의 힘을 다했고, 과학의 발전을 통해 자신이 전신 마비로부터 해방되길 바랐다고 한다. 크리스토퍼의 태도는 치료제를 구하러 다니는 엑스맨들의 모습과 오버랩 된다. 아마도, 현재 다수의 장애인들이 크리스토퍼 리브와 같은 마음이 아닐까? 한편, 재활 치료보다는 있는 그대로의 장애인의 삶을 인정해 달라고. 또는 장애인들이 권력을 가진다면 언제든지 원할 때 사회에 통합될 수 있으니, 장애인을 통합시키려 하기보다는 장애인에게 권력을 달라고 주장하는 이들도 있다. 장애학자나 장애 운동계의 사람들이 대표적인 예이다.

하지만 현실에서 장애인에게 치료제가 주어진다면, 정말 쉽지 않은 선택의 기로에 놓일 것이라는 생각이 든다. 어쩌면 고민의 여지 없이 치료제를 택할지도 모르겠다. 엑스맨들은 사회를 위협할 파워를 가졌지만, 장애인들은 싸울 수 있는 그 어떤 파워도 없기 때문이다. 현실에서 장애인에게 주어진 사회 통합의 방식은, 치료제는 아니지만, 주류 사회 중심적이라는 것만은

분명하다. 때로는 치료제를 통한 사회 통합이 복지라는 이름으로, 교육이라는 이름으로, 재활 치료라는 이름으로 이루어지고 있다. 그런데, 우리가 알아야 할 것은 이것이 너무나도 폭력적인 방식일 수도 있다는 점이다. 소위 전문가들이라는 사람들이 소수자를 대상화하여 수정하는 것에만 초점을 맞춘다면, 이는 엑스맨들의 정체성을 철저히 무시하며 통합을 주도하는 영화 속 정부와 다를 바가 없기 때문이다.

　다문화, 통합, 포용, 소통, 상생… 이런 단어들이 이 시대를 이끌어 갈 키워드가 되고 있다지만, 그 많은 것들을 진정 누가 주도하고 있고, 누가 원하는 방식들로 채워 가고 있는지 이 시점에서 고민해야 할 것이다. 사회적 소수자인 엑스맨들의 삶의 모습 속에서 슈퍼맨이나 스파이더맨 같은 인위적인 영웅보다 더 큰, 인간적인 영웅을 본다. 이 인간적인 영웅들의 삶의 이야기와 그들의 바람에 귀 기울여 줄 때가 아닌가 한다.

타인이 나를 부르는 이름, 별명에 대하여

"주근깨 곱슬머리 개구쟁이 내 동생. 이름은 하나인데, 별명은 서너 개." 한 번쯤 기억하는 동요일 것이다. 오늘은 동요 속에서 이야기하고 있는 것처럼, 우리 자신을 둘러싼 수많은 별명에 대한 이야기를 해 볼까 한다.

나를 이르는 호칭만 하더라도, 가족 사이에서는 엄마, 딸, 아내, 며느리, 올케와 같은 관계 중심의 호칭이 있고, 사회에서는 강사, 선생, 필자 등등의 직함 중심의 호칭이 있고, 친한 후배들과의 사이에서는 언니, 누나로 불리기도 한다. 그리고 종교 단체에서 부여한 또 다른 호칭으로 불릴 때도 있다. 그냥 이름을 주로 사용하는 미국과는 달리, 한국은 호칭을 들으면 관계나 직위, 종교까지도 알 수 있는 독특한 호칭 문화를 갖고 있는 것이다. 타인이 나를 부르는 이름을 통해 우리들은 자신의 역할 정체성을 갖게도 되고, 나 자신이 상대방과 어떤 관계에 놓이는지 스스로의 입장과 처지가 명확해지기도 한다.

　재미있는 것은, 호칭이 이렇게 1대1의 관계 내지는 서로 간의 역할이나 직함을 의미할 때에는 그 자체로 상처를 주는 호칭으로 기능하지 않는 반면에, 다수의 사람으로 구성된 집단이 특정 개인이나 소수자에 대하여 특정 의미를 부여하여 부르는 호칭은 때로는 반역으로 느껴지기도 하고 상처가 되기도 한다는 점이다. 가부장적인 한 남성이 가족들에게 남편 혹은 아빠로 불리지 않고 독재자로 불린다면, 다른 직원들을 괴롭히는 직장 상사가 직원들 사이에서 미실(미친 실장) 혹은 마녀라고 불린다면, 학생 지도 교사가 미친 교주(미친 교육 주체)라고 불린다면, 당사자는 고립감과 외로움을 느끼는 동시에 반역 내지는 일종의 저항감을 느낄 것이다.

　하지만 문제는, 이 상처와 고립감, 외로움을 겪는 사람이 상대적으로 하위에 위치할 때, 더 증폭된다. 학급 내에서 학습이 뒤쳐지는 친구에 대한 놀림으로 "애자"(장애인의 줄임말로 요즘 청소년들이 누군가를 놀릴 때 사용하는 용어)라고 부른다면, 그 당사자가 받는 심리적 상처는 독재자나 미친 교주라는 용어에 비해 훨씬 클 것이다. 왜냐하면 그들에게는 권력이 없기 때문이다. 다수의 사람들이 사회적으로 하위에 있는 소수자들에 대해 부르는 이름은 반역이나 저항은커녕 절대로 벗어날 수 없는 굴레처럼 느껴지고, 자신의 사회적 역할과 위치를 결정해 버리는 최종적인 한 마디가 되고 마는 것이다. 우리는 권력자에 대해서도 별명을 붙여서 조롱하고, 권력 부재자에 대해서도 별명을 붙여서 놀리는데, 권력 부재자인 소수자들은 한 마디 저항도 못하고 상처를 입는 경우가 대부분이다.

초등학교 저학년 때 몇몇 남자아이들은 나를 외팔이라고 놀렸다. 그런 놀림을 받은 날이면, 참 많이 힘들었다. 놀림에 익숙해지기보다는, 시간이 갈수록 "내가 정말 그렇게 이상한가?" 하는 생각을 더 많이 했던 것 같다. 나를 둘러싼 환경과 사람들에 대한 고민은 그때부터 시작되었나 보다. 외팔이라는 별명보다 더 기분이 나빴던 것은 후크 선장이었다. 내가 갈고리 형태의 의수를 사용하고 있었던 것도 아닌데, 그런 놀림을 당할 때마다 악의 무리를 대변하는 그 못생긴 후크 선장이 어떻게 나랑 같다는 것인지 도무지 이해할 수 없었다. 20대 초반에 중국 연변을 방문했을 때에도 그곳의 꼬마들은 "괴물이다"라며 도망을 쳤고, 연변의 조선족 아주머니들도 "아휴, 팔이 저래서, 어떻게 시집간대"라면서 시골 할머니 같은 이야기만 했다. '송강호 주연의 영화 속에나 나오는 것이 괴물이지, 어떻게 내가 괴물일 수 있어'라고 생각했지만, 이미 눈에서는 눈물이 흐르고 있었다. 20대를 넘기고 30대에 접어드니, 장애인이라는 용어도 익숙해지고, 누군가 나를 외팔이라고 부른다 해도 웃어넘길 수 있는 담대함 내지는 대범함이 생긴 것 같다. 어린아이들이나 시골에 사시는 분들처럼 도시 문명이나 교육과 거리가 있는 순수한 사람들일수록 더욱 심리적 상처가 되는 말을 아무렇지 않게 한다는 것도 경험적으로 알게 되었다. 그래서 이제는 그들의 말에 상처 입기보다는 교육의 필요성이나 장애 인식 개선을 위한 사회적 노력이 더욱 절실함을 느낀다.

장애인을 이르는 명칭도 사회의 다수 집단의 폭력성과 놀림에 근거하여 이름 붙여졌을 것이다. 장애의 유형에 따라 다양한 별명들이 붙게 되는데, 앉은뱅이, 절름발이, 외팔이, 애꾸, 절뚝이, 언청이, 육손이, 병신, 꼽추, 난쟁이 등 장애의 비정상성을 강조한 이름들이 대부분이다. 이런 단어들은 다소 구시대적인 게 아니냐고 할 수 있을지 모르겠다. 하지만 요즘에 사용하는 용어들도 본질적인 의미와 역할은 크게 다르지 않다. 근래의 교육받은 다수의 한국 성인들은 "장애인"이라는 용어를 가장 많이 사용한다. 비교적 객관적이고 비하의 의도가 적은 용어이다. 하지만, 동시에 비장애인을 이를 때, 이들은 "정상인"이라는 용어를 많이 사용한다. 이는 암묵적으로 정상 범주를 벗어난 사람들을 비정상인으로 치부하므로, 장애 차별적이고 억압적인 용어라고 해석된다. 의도하지 않았다 하더라도, 정상인이라는 용어 자체가 장애인들에게는 유쾌하지 않은 것이다.

한때는 장애우라는 용어가 유행을 하기도 했다. 장애인을 친구처럼 여긴다는 의미를 강조한 것인데, 여성, 노인, 아동 등을 이르는 용어와 달리, 왜 장애인만을 장애우라고 굳이 명시하느냐는 장애계의 비판을 받기도 했고, 장애우라는 용어 자체가 3인칭을 의미하는 용어로서, 장애인 스스로가 자신을 소개할 때 "저는 장애우입니다(저는 그녀입니다와 마찬가지로)"라고 말하는 것 자체가 어법에 맞지 않는다는 비판을 받기도 했다. 따라서 현재 가장 사용을 권장하는 표현은 "장애인/비장애인"이라는 용어이다.

그러나 이 장애인이라는 용어도 여전히 문제는 있다. 장애라는 단어 자체가 지니는 부정적 의미 때문이다. 언젠가 한 장애인 동료는 현금 출납기 사용 시, "장애가 있으니 다른 기기를 이용해 주세요"와 같은 문구를 대할 때마다, 우리 장애인도 이렇게 고장 나고 이용할 수 없는 존재란 말인가 하는 생각이 들어, "장애"라는 말을 대체할 수 있는 용어가 없겠느냐고 묻기도 했다. 나도 오랜 시간 고민하였지만, 장애인이라는 용어를 대체할 마땅한 말을 찾기란 참 어려웠다. 미국에서도 똑같은 어려운 논의가 진행되었다. 때문에 장애인을 이르는 말이 disabled people(장애를 강조함)에서 people with disabilities(사람을 강조함)으로, 다시 person with disabilities(개인을 강조)로 바뀌었다. person with special needs(특별한 욕구가 있는 사람)이라고도 하고, differently abled person(다르게 할 수 있는 사람)이라고도 하는 경우가 있다. "다르게 할 수 있는 사람"이라는 말이 개인적으로 마음에 드는데, 간단하게 한국어 두세 글자로 표현하기가 애매하다.

장애인 복지론 수업의 과제로 학생들에게 장애인을 이르는 다른 이름 짓기를 내준 적이 있다. 한 학생이 "정우인"이라는 이름을 지어 제출했다. "느끼어 일어나는 마음으로 벗을 위하는 사람"이라는 기본적인 뜻과 장애인과 비장애인 사이에 차별을 두지 않고 서로 어울려 지낸다는 의미를 강조한 용어라는 설명을 덧붙였다. "장애우"와 비슷한 비판을 면하기는 어려울 수 있으나, 장애라는 용어를 다른 말로 바꾼 데 큰 의미가 있어 보였다. 하지만, 만약 장애인이 정우인으로 정정된다면, 김정우, 박정우 등, 정우라는 이름을 가진 수많은 사람들이 또 상처를 입지 않을까 싶다.

　문득 어린 시절의 나의 또 다른 별명들이 생각난다. 나의 개성에 근거한 별명들이다. 초등학교 저학년 때 외팔이라 불린 것과 달리, 고학년에 올라간 뒤에는 눈썹이 적다는 이유에서 모나리자라고 불리거나, 이마가 넓다는 이유에서 황비홍이라고 불리기도 했다. 사실 기분이 좋을 이유가 없는 별명임에도 불구하고, 그 별명을 즐겼다. 그 또래들 사이에서 다른 친구들을 대하는 방식과 크게 다르지 않았기 때문이고, 장애가 나를 대변하는 가장 큰 특징이 되지도 않았기 때문이다. 게다가 별명을 갖는다는 것이 무관심이 아닌 관심의 대상이기에 가능하다는 것도 깨달았다. 타인들이 장애인들에 대해 부르는 이름, 그 별명이 비하가 아닌 애정과 관심, 서로 관계 맺음의 의미에서 붙여진 즐거운 별명으로 탈바꿈했으면 한다.

고정관념이 만들어 낸 세계

"복지관 건물 앞에 휠체어를 탄 30대 남자가 있고, 그 휠체어 손잡이에 한 손을 올린 30대 비장애인 여성이 있다." 둘의 관계는 어떻게 보이는가? (가장 먼저 떠오르는 관계는?)

1) 활동보조인 또는 자원봉사자와 장애인
2) 비장애인 사회복지사와 장애인
3) 지나가는 장애인과 그를 돕는 길거리의 사람
4) 휠체어를 탄 사회복지사와 비장애인인 클라이언트
5) 친구나 직장 동료
6) 연인이나 부부
7) 기타

이 글을 읽는 사람마다 다른 답을 선택했겠지만, 사실 제시된 모든 관계가 답일 수 있다. 그러나 다수의 사람들은 1, 2, 3번을

답하지 않았을까? 왜 그럴까?

　공간과 사람은 함께 어떤 특정한 이미지를 만들어 낸다. 아마도 복지관이라는 공간 배경에 주목한 사람은 1번과 2번을 답하였을 것이다. 특히 장애인은 도움의 대상으로 인식되기 때문에 복지관을 이용하는 장애인과 그를 돕는 활동보조인이나 봉사자를 예상하는 것이 이상할 이유가 없는 것이다. 즉, 우리는 특정 공간이나 자리에 특정한 사람이 있을 것이라는 고정관념을 갖고 있다. 그리고 그 고정관념이 깨질 때 당황하고 놀라기도 하고, 그 일을 매우 인상 깊은 기억으로 간직하기도 한다. 이 글을 통해서, 사람과 공간이 만들어 내는 상황에 대해, 우리가 그동안 어떠한 고정관념을 갖고 있었는지 돌아볼 수 있기를 바란다.

　위의 질문에서 4번의 '휠체어를 탄 사회복지사와 비장애인인 클라이언트'의 관계를 가장 먼저 떠올리는 일은 쉽지 않다. 왜냐하면 실제 삶에서 장애를 가진 복지사를 만나는 일이 흔하지 않기 때문이다. 심지어 장애인복지관에서조차 장애인 복지사 고용은 흔하지 않다. 제시된 두 사람의 관계를 이해할 때 대개의 경우 장애인이 비장애인의 도움을 받는 상대로 이해되기 때문에, 장애인 복지사와 비장애인 클라이언트라는 관계를 가장 먼저 떠올리기는 더욱 어려운 것이다. 어쩌면, '장애인의 휠체어 뒤에 있는 가방을 훔치는 비장애인 여성'의 광경일지도 모른다(사실 시카고에서는 장애인들이 휠체어 뒤에 가방을 걸고 이동하면 그 안의 스마트폰이나 지갑 등이 소매치기의 타깃이 되는 것은 흔한 일이기도 하다. 그래서 시카고에서 휠체어를 이용하는 장애인 친구들은 가방을 앞으로 맨다). 즉, 장애인과 비장애인의 관계라기보다는 인간 대 인간의 모습으로 보기에 제시된 4, 5, 6, 7번 그 이상의 관계일 수도 있는 것이다.

장애인과 비장애인에 대한 고정관념 못지않게 성별에 따른 고정관념도 상당하다. 며칠 전 여자 화장실에 들어갔는데, 화장실을 청소하던 흑인 남자를 보고 순간 당황했다. 덩치도 크고 레게머리를 길게 늘어뜨린 남자였기 때문에 더욱 놀랐던 것 같다. 그동안 마주친 학교 건물 청소 담당자들은 거의 아프리칸-아메리칸 남자였고, "하이"라고 인사를 나누는 것이 일상이었건만, 여자 화장실에서 맞닥뜨린 이 경우에는 입이 떨어지질 않았다. 그쪽에서 먼저, "안녕… 난 나가서 있을 테니까 일 봐"라고 말하고 나서야, 내가 가진 고정관념을 깨닫고 웃을 수 있었다. 아마도 화장실 청소를 하시는 아주머니를 만났다면 놀라지도 않았을 것이고, 굳이 나가서 있겠다는 배려를 하지도 않았을 것이다. 남자와 여자라는 성별, 그것이 가정 내에서 또 사회 내에서의 역할에 더 이상 차별이나 배제의 이유가 되지 않는다고 하지만, 습관이나 사람의 경험에 의한 우리의 고정관념은 아직도 변하지 않은 것이다.

내 결혼식 날에도 유사한 일이 있었다. 결혼식이 시작되기 5분 전이었다. 갑자기 예식장 직원이 신부 대기실로 뛰어 들어와, "주례 선생님이 안 오셨어요. 어쩌죠?"라고 말하며, 다급한 요청을 해 왔다. "아까 주례 선생님 오셨고, 가슴에 꽃도 달아

드렸는데요"라고 답하고 시야에 들어온 선생님을 가리켰으나,
직원은 한참 동안 알아채지 못했다. "저기 저 여자 분이요. 가
슴에 꽃을 단 분이요"라고 말한 다음에서야, 그 직원은 "여자
분이 주례 선생님인 줄은 생각도 못했어요"라며 무안해 하면
서 돌아갔다. 결혼식이 끝나고 가장 많이 들었던 이야기가 여자
주례는 생전 처음 보았다는 것이었다. 사실 나도 친구들 예식
에서 여자 주례사를 본 적은 없다. 하지만 오랜 시간 인생의 선
배로 알고 지냈고, 나와 남편을 알고 있는 선생님께 주례를 부
탁하는 일은 자연스런 일이었다. 단지 그분이 여자일 뿐이었다.
그러나 사람들의 고정관념을 깨는 여자 주례가 매우 인상 깊고
흥미로울 만큼, 우리의 인식 속에는 남자의 자리와 여자의 자
리가 구분되어 있었던 것이다. 이렇게 특정 공간과 자리에 어울
리는 사람에 대한 고정관념이 단단할수록, 그것이 깨지는 순간,
그 사건은 신선하고 또 오래 기억된다. 하지만 동시에 그 고정
관념이 세상에 일어나는 수많은 사건이나 현상들에 있어 우리
를 얼마나 무디게 하고, 우리의 정신을 둔하게 만드는지 생각해
볼 일이다.

매년 사법고시나 행정고시에서 여성 합격자 비율이 남성보다
높다는 기사가 난다. 여성 상위 시대가 열렸다고도 한다. 그러
나 무엇보다도 가장 강한 우리의 일상이라는 데에서 우리의 고
정관념은 아직 현재 진행형이다. 여성의 사회적 활동이 얼마나
늘어나고 있는지 보도해 주는 기사가 있다는 사실만 하더라도,
아직 사람들의 머릿속에 여성과 남성의 특정 역할에 대한 이미

지가 존재한다는 것을 반증하는 게 아닐까.

초등학교 교과서에 남자 의사와 여자 간호사를 묘사한 삽화를 없애는 등, 의도적으로 사회적 성역할에 대한 고정관념을 없애고자 노력하지만, 실제 삶의 현장에서 남자 간호사를 만나거나, 여자 화장실을 청소하는 남자를 만나거나, 설교자로 여자 목사가 등장하거나, 결혼식 주례사로 여자가 등장하거나, 잘 몰라서 헤매는 남자 인턴이나 레지던트에게 호통 치는 할머니 의사를 마주할 때면, 내 안의 성별에 따른 고정관념이 얼마나 컸는지 깨닫고 반성하게 된다.

장애인에 대한 고정관념도 마찬가지이다. 장애인은 사회적으로 소수이고 잘 드러나지 않기에, 장애인과 비장애인에 대한 인식 전환은 남녀에 대한 고정관념이 깨지는 속도보다 훨씬 느리다. 장애인 모델들이 패션쇼 무대 위를 걸어 나오거나 한쪽 팔이 없는 농구 선수나 마술사를 볼 때, 초등학교 담임선생님으로 소개되는 중증 장애인을 대할 때나 시각장애인 컴퓨터 프로게이머를 만날 때, 재활센터에서 2년간 볼 때마다 항상 휠체어에 앉아 있던 휠체어 농구팀 코치가 어느 날 갑자기 벌떡 일어나 걸어올 때(나는 그를 2년간이나 장애인으로 생각했다. 그러나 농구팀 코치라는 직업으로 인해 항상 휠체어에 있었을 뿐이었다), 장애인 당사자인 나 역시도 그동안 고정관념에 사로잡혀 있었음을 깨닫게 된다. 너무나 자연스러운 일들이 순간일지라도 장애를 극복한 대단한 인간 승리처럼 여겨지거나, 휠체어를 타면 다 장애인일 것이라는 고리타분한 생각을 하고 있는 것을 보면, 아직

장애 인식 개선은 멀었구나 하는 생각이 든다.

나를 비롯해서 많은 이들이 고정관념이 만들어 낸 세계에서 정신적으로 빨리 벗어나야 할 것이다. 다행히도 우리의 의식 변화의 속도보다 세상이 더 빨리 변하고 있어서, 기존의 고정관념들은 곧 사라지지 않을까 하는 희망을 걸어 본다. 앞으로 고정관념을 깰 만한 사건들을 흔하게 경험할 즈음이면, 더 이상 공간과 사람이 만들어 내는 고정관념도 존재하지 않을 것이다. 다만 아직은 장애인 패션모델이나, 마술사, 교사 등을 일상에서 자주 마주칠 수 없기 때문에, 전 국민을 대상으로 하는 대대적인 인식 교육이라도 펼쳐야 되지 않을까 싶다.

장애인의 의존적 이미지와 복지의 메커니즘

장애인 복지와 관련된 강의 중에 종종 학생들에게 묻고는 한다. 장애인이라고 하면 어떤 이미지가 떠오르느냐고 말이다. "휠체어요. 목발이요. 불편이요. 불쌍하고 도와주고 싶은 사람이요. 차별이요. 맨발의 기봉이요." 이런 대답들이 쏟아져 나온다. 가장 많이 나오는 대답이 휠체어이고, 인권이나 차별이 떠오른다는 답은 매우 소수에 불과하다. 아마도 장애인 표시 마크에 휠체어가 사용되고 있어서 그런지, 떠오르는 이미지를 물으면 휠체어라는 답이 가장 많이 나오는 것 같다. 그런데, 한 가지 충격적인 답이 있었다. "피해를 주는 존재"라는 대답이었다. 순간 가슴이 아파 왔고, 그에 대한 일종의 반발감이 들었다. 덕분에 장애인에 대한 부정적인 느낌이나 인식들은 우리 사회에서 어떻게 작동하고 있는지 생각해 보는 계기가 되었고, 이 글은 그 생각을 정리해 본 것이다.

보편적인 장애인에 대한 인식들

그렇다. 때론 장애인은 존재 자체로 해로운, 피해를 끼치는 존재로 인식되기도 한다. 그리고 그런 극단적인 감정적 차원의 인식이 아니더라도, 사람들이 보편적으로 인식하는 장애인의 이미지나 장애인에 대한 태도는 대부분이 부정적이거나 온정주의적, 동정적, 보호적 입장을 보인다. 장애인에 대하여 "함께 살아가는 나와 같은 사람들"이라고 인식하는, 조금은 세련되고 예의 바른 듯한 태도마저도 그 속에는 "나와 동등한 사람이지만, 나와 엮이지는 않았으면 하는" 거리감과 거리낌의 태도가 녹아 있다. 대체로 사람들은 장애인에 대해 무관심하거나, 꺼리거나, 동정하는데, 이 모든 태도가 실제로 장애인을 만나거나 대할 때에는 온정주의적 입장으로 나타난다. 각기 다른 양상의 태도를 보였다고 하더라도, "장애는 불편을 상징하며, 그래서 장애인은 도움이 필요한 사람들"이라는 온정주의적 입장에 대다수가 동의한다는 것이다. 온정주의는 사회적 약자에게 시혜적인 태도를 보이는 것으로, 장애인에 대한 보호적인 태도를 말한다. 때로는 우월함과 열등함을 전제한, 강자와 약자 사이의 관계를 보여 주는 태도라고 해석하기도 한다.

장애인의 경우, 다른 개인적 특성들은 온데간데없이 사라지고, 장애인이라는 이유만으로 인간관계 속에서 약자로 취급되는 경우가 많다. 한 손이 없는 나에게 택시를 타고 가라던 반찬 가게 아주머니가 있었다. 반찬 몇 가지를 샀는데, 너무나 안쓰러운 얼굴로 힘들겠다며 집이 어디냐고 묻더니 택시비를 주시고 택시도 잡아 태워 주셨다. 순간적으로 나는 어떻게 대처해야 할지 몰랐던 것 같다. 얼떨결에 "감사합니다"라고 말하고, 택시를 얻어 타고 돌아왔다. 이 아주머니는 지극히 한국적인 "정 때문에" 또는 "돕고 싶은 마음 때문에" 호의로써 나를 대해 주신 것이라 생각한다. 하지만 이 호의도 온정주의에 근거해 있다. 장애를 가졌다는 것만으로 동정과 도움의 대상이 되고 있는 것이다.

의존의 이미지를 이용하는 사회

그렇다면, "장애 = 동정과 보호의 대상"이라는 공식은 우리 사회에서 어떻게 기능하고 있을까? 장애인을 의존적인 존재로 만들고 이미지화해서 도움이나 부양을 받을 수 있도록 하고, 비장애인은 그 속에서 삶의 위안을 느끼고, 자신의 주어진 현실에 감사하고, 더 열심히 훌륭하고 착한 시민으로 살아가게 하고 있다. 사회가 장애인과 비장애인을 너무나 교묘하게 이용하고 있다는 음모론적 시각일지도 모르겠다. 하지만 우리 사회는 장애인을 의존적인 존재라고 전제한 채, 관련 제도나 정책, 서비스를 마련하고 있다. 장애인이 원하는 방식이 아닌, 사회가 원하는 방식대로 이루어지고 있으며, 잔여적이고 시혜적인 복지 영역 중에서도 여성이나 아동, 노인을 대상으로 하는 여타 복지에 비하여 가장 마지막에 관심을 갖는 장애인 영역은 우선 순위에서도 항상 밀린다. 장애인은 의존적인 존재이기에 사회 발전에도 기여하지 못한다고 생각되거나, 그 의존성이라는 것

때문에 가족에게도 부담이 되어 낙태의 대상이 되기도 하고 시설로 보내지기도 한다. 장애인에 대한 사회적 보호가 다방면에서 이루어진다고 하지만, 무학의 비율이 여전히 높고, 최저임금도 보장받지 못하고 있는 게 현실이다. 친절하게도 법에서조차 이 모든 처우를 자연스레 용인하고 있고, 의존적인 장애인에 대한 분리나 거부, 또는 열등한 처우가 복지라는 이름으로 그럴듯하게 꾸며지고 있다. 그리고 가족들조차 그것이 그럴 수밖에 없는 선택이고 모두가 행복해지는 방법이라고 여기며 스스로를 위안하기도 한다. 그런 걸 보면, 복지는 약자의 대변자이자 옹호자인 듯하지만, 또 다른 면에서는 사회 발전과 투자가치가 있는 시민만을 위한 이율배반적인 두 얼굴을 가진 자본주의의 도구가 되고 있음이 분명하다.

최근 들어 복지의 접근 방식도 이용자나 대상자의 권리 중심으로 전환되었다고 하지만, 이는 복지계의 내적 자기반성과 비판일 뿐, 복지 자체의 근본적인 뿌리는 온정주의에서, 다시 말해 우월함과 열등함을 전제한 인간관계 속에서 시작되었고, 여전히 어느 정도는 그 모습을 버리지 못하고 있다. 사건 사고가 터지면 가장 먼저 ARS 모금을 한다. 장애 아동 돕기나 힘들고 어렵지만 희망을 놓지 않는 장애 가정 돕기 등의 TV 프로그램은 날이 갈수록 편성 비중이 늘어나고 있는 듯하다. 온정주의에 호소하는 복지 시스템이 사라졌다고 하기에는, 제도화된 권리로서의 복지가 시행되고 있다고 주장하기에는, 이미 우리 사회 시스템 자체가 기존의 온정주의적 복지를 민간 복지라는 이름으로 너무나 잘 이용하고 있다는 느낌을 지울 수 없다. 좋은 말로 객관화하면 동시대를 살아가는 사람들 사이의 연대감에 근거한 복지라고 설명할 수 있을지 모르겠다. 사회 연대감은 더불어 살아가는 사회의 토대가 되고, 사회복지의 밑바탕 정신인데, 이를 어찌 우월함과 열등함을 전제하는 계급적 시각으로 해석하느냐고 반박할 수도 있을 것이다. 하지만 반문하고 싶다. 복지 메커니즘이 장애인의 의존성을 부각시키는 방식으로 작동해 왔는지, 아니면 장애인의 의존적 이미지를 타파하는 방식으로 작동해 왔는지 말이다.

강요되는 온정주의와 의존성의 재생산

그런데 우스운 사실은 이런 글을 쓰는 나도 지하철에서 장애인들이 껌을 팔면 사 주게 된다는 것이다. 특히 나와 똑같은 장애를 가진 사람일 경우 더욱 물건을 사 주고 싶어진다. 적극적인 한 명의 소비자로서 '선택하고 구매한다'는 생각이 아니라, 돕는다는 차원에서 시혜적인 태도로 '사 주는' 행동을 한다. 매일 지하철을 이용하는 사람들은 어쩌면 이런 방식으로 동정을 강요받고 있는지도 모르겠다. 비장애인들이 온정주의에 바탕을 두고 동정을 하는 것이 아니라, 장애인들이 오히려 동정을 요구하고, 그 상황의 분위기와 시선, 장애인의 모습 등에 의해 주머니 속 쌈짓돈을 꺼내 놓게 되는지도 모르겠다. 비장애인이 장애인을 보며 우월감을 느끼고 돕는 게 아니라, 강요된 동정 앞에서, 바른생활 내지는 도덕적 양심, 체면의 발현 등으로 인해 아

까운 푼돈을 아깝지 않은 척 내미는 것은 아닌지 또 생각해 볼 일이다. 어떤 방식으로든 장애인의 불쌍하고 의존적인 이미지는 이용되고 있다. 장애인들이 자처해서 그 이미지를 이용해 모금을 하는 방식으로 나타나기도 하고, 눈물샘을 자극하는 ARS 모금 프로그램을 통해 사회복지 차원의 재원 마련에 이용되기도 한다. 자발적인 온정주의든, 강요된 온정주의든, 이런 민간 영역의 상부상조를 통해 국가의 복지비는 줄어들고, 비장애인들은 약자를 돕는다는 기쁨의 시간을 보내고, 장애인은 경제적 혜택을 받는다. 어찌 보면 모두에게 좋은 전략이기에 장애인의 의존 이미지와 이를 강화하는 복지 시스템은 계속 재생산되고 있나 보다.

하지만 장애인은 정말 어쩔 수 없는 의존적인 존재인지, 장애인을 지속적으로 불쌍한 존재로 인식하게 만들어 온 복지 시스템이 앞으로 어떤 변화를 도모했으면 하는지, 사회가 깔아 놓은 매트릭스 안에서 사고하고 행동하는 인간이라서 모두가 온정주의마저 강요받았다면, 우리는 또 다른 장애인의 이미지를 구축할 수도 있지 않은지, 그 가능성을 이제는 생각해 볼 때이다.

장애 체험에 대한 단상

몇 년 전, 장애 인식 개선 사업의 일환으로 장애 체험 프로그램이 인기를 끌었던 적이 있었다. 장애인이 되면 어떨까? 장애인의 환경과 상황을 이해해 보고자 하는 이 프로그램은 요즘에도 곳곳에서 계속되고 있지 않을까 한다. 그런데 과연 이 장애체험 프로그램이 장애인에 대한 인식을 개선하는 데 기여하고 있는지는 의문이다. 이 글에서는 장애인의 시각으로 장애 체험 프로그램에 대해 이야기해 보고자 한다.

장애 체험 그리고 찬반론

장애 체험이란 비장애인들이 장애인의 상황에 처해 보는 일종의 실험과 같은 프로그램이다. 예를 들면, 안대를 하고 길을 걷는 체험을 통해 시각장애인이 되어 보고, 휠체어를 타고 길을 나서 보면서 지체장애인의 이동 문제를 몸소 체험하고, 목발을 이용하거나 팔다리에 무거운 무언가를 착용하고 움직여 본다

거나 하는 등으로 장애인의 신체적 어려움을 겪어 보는 것이다. 장애 체험에 참여하는 이들은 새로운 경험을 한다며 다소 설레어 하기도 하고, 즐거워하기도 하는 것 같다. 교실이나 강당에서 강의를 듣는 지루함에서 벗어나 몸으로 뭔가 체험한다는 것만으로도 참가자들이 들뜬 기분을 보이는 것은 당연한 일일 것이다. 그러나 대개의 장애 체험 프로그램에서, 설렘은 잠시일 뿐, 참가자들은 장애인이 된다는 것이 신체적으로 매우 불편한 일임을 곧 깨닫는다. 장애 체험의 취지에 걸맞게 장애인의 몸이 얼마나 불편한지, 그들이 처한 우리 사회의 상황이나 환경이 얼마나 열악한지 알게 되는 것이다.

　그러나 이러한 장애 체험 프로그램을 둘러싼 찬반론이 있었다. 이 프로그램이 장애인을 이해하는 데 정말 도움이 된다는 입장과, 전혀 도움이 되지 않는다는 입장으로 갈리는 것이다. 국내에서는 이러한 찬반론이 폭넓게 확산되지는 않았지만, 영미권 국가에서는 장애 체험 프로그램의 영향에 대한 찬반론이 있었다. 장애 체험 프로그램을 반대하는 측에서는 장애 체험 프로그램이 장애인의 신체적 불편만을 강조하여, 오히려 장애인을 불쌍하고 도움이 필요한 존재로 인식하도록 한다고 주장한다. 한편, 장애 체험을 찬성하는 측에서는 그렇게라도 해야 비장애인들에게 장애인의 불편을 이해시키고, 우리 사회를 조금씩 바꾸어 나갈 수 있기 때문에, 장애 체험 프로그램이 필요하다고 말한다. 사실 한국의 사회복지시설 종사자나 전문가들은 이 프로그램이 무슨 문제가 있느냐고 반문하고는 한다. 장애인의 상황을 이해하고자 하는 노력이고, 평소에 장애 문제에 전혀 관심이 없던 이들에게 장애인들의 어려움을 알릴 수 있는 좋은 기회인데, 뭐가 문제냐는 것이다.

장애 체험의 현실

언젠가 한 선배가 학교에서 장애 체험을 하고 온 아들에 대한 이야기를 해 준 적이 있다. 초등학교에서 전교생을 대상으로 장애 인식 개선을 위해 구족화가의 예술 활동 시연을 감상하고, 학생들이 모두 그 화가처럼 붓을 입에 물고 그림을 그리는 장애 체험을 하고, 이에 대한 감상문을 쓰는 것으로 프로그램을 마쳤다고 한다. 그런데, 이 선배의 아들은 감상문을 너무나 대범하고 솔직하게 쓴 나머지 선생님한테 불려가 혼이 났다. 그 아이의 감상문은 이런 내용이었다고 한다. '왜 내가 입에 붓을 물고 그림을 그려야 하는지 모르겠다. 만약 내가 두 팔이 없다면 발이나 입으로 글을 쓰고 그림을 그릴 것이다. 그건 대단한 것도 이상한 것도 불쌍하고 힘든 것도 아닌, 당연한 것이라 생각한다…. 그런데 지금 난 두 팔이 있는데, 왜 이렇게 그림을 그려야 하는 걸까.' 담임선생님은 장애인에 대해서 이렇게 생각하면 어떻게 하냐며 야단을 쳤다고 한다. 대다수의 아이들이 적어 낸 감상문처럼, "오늘 장애 체험을 통해, 장애인들이 얼마나 힘들게 사는지 알 수 있었다. … 다음에 장애인을 만나면 잘 도와주어야겠다"라는 일반적이고 수긍이 되는 그런 글을 선생님은 기대했을 것이다. 야단을 치면서도 선생님은 "장애인들이 얼마나 힘든지 생각하고, 어떻게 도와줄 것인지를 생각해야"라고 했다고 한다. 선배는 아이가 집에 와서 자신이 잘못한 것이냐고 묻는데, 뭐라 답해야 할지 모르겠더라고 했다. 난, 정말 솔직한 감상문이고, 장애인에 대해 불쌍해하는 마음이 아닌, 장애를 그저 담담한 하나의 상황으로 받아들이는 감상문이라고, 괜찮다고 이야기해 주었다. 그리고 이 사건을 통해 장애 체험 프로그램의 현실과 현재의 장애인에 대한 학교 교육의 상황을 다시 한 번 생각해 볼 수 있었다. 장애 체험 프로그램의 본질이 신체적 어려움에 대한 이해 수준에 머문다면, 사람들은 장애인을 기능상으로 뭔가 하기 불편하고 힘든 사람, 그래서 도움이 필요한 사람으로 인식할 수밖에 없는 것이다. 게다가 감상문마저 모범 답안을 요구하며 장애인을 도와주는 착한 어린이 만들기 프로젝트의 일환으로 진행된다면, 우리 사회에서 장애인은 미래에도 불쌍한 동시에 대단한 인간 승리의 표상으로 남을 것 같다는 생각이 든다.

내가 아닌, 누군가의 입장과 처지를 이해한다는 것

사실, 한 개인이 다른 사람의 처지나 입장을 완벽히 이해한다는 것은 불가능하다고 생각한다. 물론 이해하고자 하는 노력을 해 볼 수는 있겠지만, 이 노력이 때로는 상대방에게 그다지 기분 좋지 않은 일일 수도 있다. 언젠가 모 국회의원이 3분 카레와 참치 캔으로 구성된 식단을 체험하고 나서, 기초생활수급자의 밥상도 먹을 만했다는 고백을 한 기사가 이슈화 된 적이 있었다. 해당 국회의원의 가상한 노력이 다수의 서민 이하의 사람들에게는 결코 유쾌하지 않았던 것이다. 왜 그랬을까? 유기농이나 건강 식단을 즐기며 살 것 같은 정치인이 한 끼 혹은 하루의 빈민 체험을 통해서 서민이나 빈민의 팍팍한 삶을 진정으로 이해하기란 불가능하다는 것을 많은 이들이 알고 있기 때문이다. 김밥 할머니의 기부금이나 장애인의 봉사활동은 따뜻한 울림과 감동을 주지만, 정치인의 수급자 밥상 체험은 감동 어린 노력으로 이해되기는커녕, 오히려 비난의 대상이 된다. 누군가의 입장과 처지를 이해하려는 노력도 그 체험을 하는 사람이 누구인가에 따라 너무나 다르게 평가되는 것이다.

정치인의 서민 체험에 대한 진정성이 비난받는 것은 일회성 행사로 비추어질 뿐만 아니라, 서민 또는 빈민의 삶의 무게에 대한 체험이 결여되어 있기 때문일 것이다. 인스턴트 푸드나 막노동의 일거리 또는 노숙 등으로 하루하루를 이어가는 사람들의 하루 스케줄을 흉내 낼 때, 일신의 불편함과 괴로움을 느낄 수는 있지만, 그들의 삶의 고됨이나 희망 없는 인생으로 인한 심리적 고통을 느끼기는 어려울 것이다. 그렇다면, 같은 관점에서 비장애인들의 장애 체험은 어떻게 평가할 수 있을까? 마찬가지일 것이다. 장애인들의 신체적 장애로 인한 활동이나 기능상의 장애를 체험할 수는 있지만, 장애인들이 겪는 사회적 억압이나 차별을 경험할 수는 없기 때문에, 비장애인들이 장애 체험을 통해 장애인의 실질적인 어려움을 이해하기란 힘든 것이다. 급진적 장애학자들은 이를 두고, 마치 "니들이 게 맛을 알아"라

는 광고 카피처럼, "니들이 장애를 알아?"라고 묻는다. 장애인 당사자가 되기 전에는 장애인에 대한 실질적 이해란 불가능하다는 것을 전제한 말이다.

이 사회의 아웃사이더로 살아가는 것의 의미를 느낄 수 있기를

이 사회의 아웃사이더로 살아간다는 것의 의미를 아는 것이 장애 체험의 본질이 될 수는 없을까? 단순히 수급자의 밥상 체험이 빈민/서민 체험이 될 수 없듯이, 장애 체험은 장애인이 처한 상황을 알게 하기엔 참 빈약한 프로그램인 듯하다. 정치인의 서민 체험을 쇼라고 판단하면서, 우리 사회 다수는 왜 장애 체험은 쇼가 아닌 인식 개선 사업이라고 우기고 있는 것일까? 진짜 게 맛은 아니더라도 그 비슷한 맛을 알 수 있는, 기존의 장애 체험 프로그램과는 다른 무언가는 없을까? 구족화가 체험 프로그램에 대한 한 초등학생의 솔직한 반응처럼, 그냥 장애인의 삶도 자연스럽고 당연한 삶의 방식의 하나로 받아들여지는 사회 풍토도 충분히 기대해 볼 수 있지 않을까? 오히려 건강한 장애인관을 가진 아이들에게 기존의 장애 인식 개선 사업은 악영향을 미치고 있지는 않은가? 많은 내적 비판과 변화가 필요하다. 현재의 방식은 이 사회의 약자로 살아가는 것의 의미와 무게를 느낄 수 있는 방식으로 반드시 바뀌어야 할 것이다. 적어도 장애 체험이 일회성 이벤트가 되거나 기존의 편협한 장애관을 강화하는 방향으로 계속되어서는 안 될 것이다. 대안을 고민하며 변화를 기대해 본다.

장애 인형

　"휠체어를 탄 바비 인형"을 본 사람은 아마 거의 없을 것이다. 왜, 장애 인형을 한국에서는 거의 본 적이 없을까? 장애 인형이란 것이 어떠한 것인가? 장애 인형은 장애인의 모습을 한 인형을 말한다. 머리나 손발 등이 다르게 생긴 인형들, 특정 신체 부위가 매우 크거나 작은, 아니면 눈이 한쪽만 있거나, 팔다리가 한쪽만 있거나. 손가락이나 발가락 개수가 많거나 부족한 인형들이다. 특별한 몸을 가진 이 인형들은 때로는 다운증후군 아이의 모습이기도 하고, 때로는 깁스를 하거나 휠체어에 앉아 있는 등, 보조기구를 착용한 지체장애인의 모습이기도 하다. 즉, 우리 인간의 다른 신체 모습을 적나라하게 또는 약간 과장해서 표현한 인형들인 것이다. 장애 인형 중에는 다소 어여쁜(?) 얼굴의 인형도 있지만, 납량 특집에 나올 것만 같은 장애 인형들도 많이 있다. 다르게 생긴, 사람들의 기준에 예쁘지 않은 얼굴은 종종 괴기 영화에 등장하는데, 이것은 아이러니하게도 장

애의 이미지와 연결되어 있다. 종종 "인형같이 생겼네!"라는 말을 들으면, 우리는 예쁘다는 뜻으로 받아들인다. 그런데 이 뜻이 적용되지 않는 인형, 그것이 바로 "장애 인형"인 것이다.

첫 만남에서 익숙해지기까지

처음 장애 인형을 보았을 때, 나는 상당한 심리적 충격을 받았다. 우선, 인형의 모습을 보자마자 무서워서 놀랐고, 그러고 나서는 이런 인형이 생산 판매될 수 있는 미국의 문화에 또 놀랐다. 나의 글 속에 종종 등장하는 미국인 친구 켈리에게는 장애 인형과 장애 소재의 영화를 수집하는 취미가 있다. 그녀의 집에 처음 놀러 갔을 때, 거실 한쪽 벽면을 가득 채운 100여 개의 장애 인형과 그 옆의 수십 개의 비디오테이프를 보고 놀라지 않을 수 없었다. 책장에 책 대신에 인형과 비디오테이프를 진열해 놓은 것이었다. 너무나 다양한 장애 인형들을 보고, "무서워서 안 되겠다. 제발 좀 치워 달라"고 했었다. 그런 나에게 깔깔 웃으면서, "내 보물들인데, 뭐가 무섭냐"고 말하던 그녀가 떠오른다. 검정고양이 한 마리가 뛰어다니고, 거실 조명도 빨강색과 파란색이 어우러진 데다 수많은 장애 인형까지 가득했던 그 거실은, 나에겐 어린 시절 담력 훈련을 했던 곳처럼 긴장되는 곳이었다. 그 첫 만남의 충격 이후, 일주일에 서너 번씩 놀러 갔고, 결국 시간이 흐르면서 나는 그 인형들에 익숙해져 갔다. 하나씩 자세히 들여다보면서 얼마에 샀느냐고 묻기도 하고, 300-400달러씩 하는 고가의 인형들을 보며, 그 비싼 값을 치르고 이렇게나 많이 사다니 하는 생각도 할 만큼 그 인형들이 편해졌다. 켈리는 어렸을 때 부모님으로부터 장애 인형들을 선물로 받았다고 했다. 그게 어느새 수십 개가 되고, 현재는 본인 스스로 그 인형들을 모으고 있는 것이다. 언젠가 인터넷 경매 사이트에서 장애 인형을 두고 밤새도록 낙찰가를 기다리던 켈리가 장애 인형을 8달러에 샀다며 기뻐했는데, 더 재미있는 것은 "지혜 너랑 닮았어, 코가 없잖아"라며 나의 낮은 코를 두고 장난을 치기도 했다. 그래 나의 낮은 코도 너희 나라에서는 장애의 이미지인 것이냐고 웃으며 대꾸하던 기억이 그립다.

　나는 왜 처음에 장애 인형을 무서워했을까? 다름 아닌, 우리 사회 속에서 갖게 된 장애 이미지, 혐오스럽고 기괴하다는 인상이 내 안에도 있었기 때문일 것이다. 장애인을 만났을 때, 너무나 낯설어 가까이 하기 꺼려지는 그 잠시 잠깐의 머뭇거림을 누구나 경험해 보았을 것이다. 그 느낌이 장애 인형에 대해서는 더욱 강하게 들었다. 장애 이미지 개선을 위한 글들을 읽고 쓰는 나조차도 벽면을 가득 채우고 있는 장애 인형 군단을 만났을 때 든 첫 느낌이 '무서움'이었으니, 우리 사회에 뿌리박힌 부정적인 장애 이미지가 얼마가 강력하게 작용하고 있는지 알 수 있었다. 장애 인형을 이야기했을 때, 누군가는 "재수 없다"고 또는 애들이 "정상적인 것을 보고 자라야지! 뭐, 그런 징그러운 걸 애들한테 주냐"라고도 했다. 장애인들에게는 미안한 마음 때문인지, 나름의 인간애 때문인지, 대놓고 징그럽다고 하지는 못하지만, 장애 인형에 대해서는 서슴없이 이런 말들을 한다.

장애인에 대한 심리적 혐오감이 장애 인형을 통해 더욱 직설적으로 표현되는 것이다.

장애 인형과 장애 정체성

장애 인형을 처음 만났을 때의 낯섦과 무서움은 시간이 흐르면서 사라졌고, 인형을 통해 나 자신의 모습을 객관화시켜서 보게 되었다. "내가 이렇게 생긴 애구나!" 하는 생각이 들었고, 인형이 친근해졌다. 한 연구에 의하면, 다운증후군 아이들은 자신을 닮은 인형을 보고 매우 기뻐하고 자존감을 향상시킬 수 있었다고 한다. 나의 경험을 일반화하는 것은 무리가 있겠지만, 예를 들면 이런 것이다. 간혹 거울을 볼 때, 그곳에 비친 내 모습조차 낯설고 내가 아닌 것 같을 때가 있다. 비너스 상과 똑같이 잘린 팔이지만, 비너스 상을 볼 때의 느낌과는 전혀 다르다. 적어도 예쁘다는 생각이 들지는 않는다. 만약에 누군가 비너스 상을 보고, "참 예쁘다. 너와 같은 팔을 가졌구나"라고 한 번이라도 이야기해 주었다면, 나는 지금보다 내 장애에 대하여 더 긍정적이고 자랑스러워했을지도 모르겠다. 켈리의 장애 인형 콜렉션을 보고도 무섭다는 생각보다 '참 아름다운 인형들을 용케도 모았구나'라면서 감탄했을지도 모르겠다.

아직 장애 인형의 효과에 대한 연구는 미흡하고, 국내에는 전무하지만, 충분히 긍정적인 기능을 하리라 기대한다. 선천적 장애인의 경우 사회적 장애의 이미지를 학습하는 과정을 통해 자신의 정체성을 만들어 가는데, 장애 인형은 본인이 부족하지도 열등하지도 않은, 그냥 다른 존재임을 자각할 수 있도록 도울 것이다. 또한 비장애 아동들도 장애 인형을 자연스럽게 접하면서, 장애인 친구들이 자신과 다르게 생겼을 뿐 자신과 같은 친구라고 이해할 것이다.

한국에서의 만남을 기대하며

어쩌면 한국에서는 장애에 대한 부정적 시선 때문에 장애 인형을 만드는 것 자체를 금기시할지 모르겠다. 이상향을 표현하고 자아상을 투영하는 것으로서 인형을 생각할 수 있는데, 장애 인형은 이상적이지 않다고 생각하기 때문이다. 또는 제작한다고 하더라도 장애 인형을 특수학교의 자존감 향상 프로그램의 도구처럼 사용할지도 모르겠다. 특수한 아이들만을 위한 특수한 인형으로 전락해 버릴 확률이 높은 것이다. 시장성 측면에서 다수의 부모들이 장애 인형을 자신의 아이들에게 사줄 것 같지는 않기에, 장애 인형은 심리 재활 치료의 도구로만 전락할 소지가 더 높다.

그럼에도 불구하고, 장애에 대한 사회적 이미지를 바꾸고, 또 장애인 당사자들이 스스로 건강한 정체감을 갖게 하는 데 있어서, 장애 인형은 하나의 훌륭한 수단이 될 것이라 생각한다. 장애인에 대한, 심리적 무조건 반사 같은, 꺼려짐이 장애 인형을 통해 상당히 줄어들 것이다. 즉, 장애 인형은 비장애인을 교육하는 데 반드시 필요한 것이라고 할 수 있다.

아이들이 때로는 매우 독특한 캐릭터들을 좋아하는데, 이를

역이용하여, 장애인들도 이상하거나 꺼려지는 존재가 아닌 아이들에게 익숙한 존재로 다가갔으면 좋겠다. 휠체어를 탄 인형이 아이들에게 많이 팔려 나가는 일을 상상해 본다. 외모 지상주의가 위력을 떨치고 있고 성형수술이 대중화된 이 시기에, 후세대에게 몸의 다양성을 알려 주는 데 장애 인형이 기여하는 바는 상상 이상일지도 모른다.

장애에 대해 웃으면 안 되는 세상?

지난 주말에 초등학교 친구의 결혼식이 있었다. 담임선생님께서 주례를 하신 것도 즐거웠고, 오랜만에 보는 많은 친구들이 더없이 반가웠다. 그러던 중, 별로 친하지 않았던 한 친구가 넌지시 말을 건네 왔다. "넌 장애 몇 급이니? 내가 다리 수술을 받아서 5급이나 6급 장애인 등록증이 나올 것 같은데, 나도 자동차 할인 혜택을 받을 수 있을까?" 싱글벙글 신이 나서 새 차를 사야겠다고 했다. 나도 즐겁게 응수하며, 이야기를 건네었다. 왠지 이전보다 그 친구가 더 가깝게 느껴졌다. 아마도 순간적으로 일종의 장애인으로서의 동지 의식이 싹튼 것 같았다. 그러던 중에 다른 친구가 끼어들었다. "넌 장애인이 된 것이 뭐가 그리도 좋니? 뭐가 좋다고 헤헤거리는 거야? 또 지혜한테 장애 몇 급이냐고 그런 건 왜 물어? 그만 좀 실실거려라." 이 말을 들은 새 장애인 동무는 "난 장애인이 돼서 좋은 것도 있다는 건데…"라며 화제를 돌렸고, 머쓱해진 나는 "맞아. 장애인 되면 좋은 것

많아. 사람들이 몰라서 그래. 이왕에 장애인이 된다면 3급 정도는 돼야 장애인 축에 끼지, 5급이나 6급 가지고는 명함도 못 내민다구"라고 답했다.

잠깐의 대화였지만, 또 오랜만에 만난 격의 없는 옛 친구들과의 다소 들뜬 분위기 속의 대화였지만, 돌아오면서 많은 생각을 하게 했다. 장애인이 되었다는 사실에 즐거워하면 안 되는 걸까? 장애인 친구에게 몇 급이냐고 묻는 것은 실례인 것일까? 실제로는 스스로를 장애인이라고 생각하지 않으면서, 장애인에 대한 복지 혜택만을 받고 싶은 경증 장애인들의 장애 정체성은 뭘까? 곱씹어 생각해 보니, 우리 사회가 안고 있는 장애에 대한 태도를 여과 없이 보여 주는 대화였다. 장애인이 된다는 것은 떠벌리거나 자랑할 것이 못 된다는 것과 동시에 개인적인 치부로서 인식되기에 장애 급수를 묻는 것은 매우 예의 없는 질문이라고 생각하는 다수의 한국인들의 모습을 볼 수 있었다. 한편, 장애인이 되었다는 사실을 무슨 할인 카드 혜택을 하나 더 보게 되었다는 정도로 가볍게 받아들이는 경증 장애인의 태도도 볼 수 있었다. 만약 그 친구가 중증 장애를 갖게 되었다고 해도 같은 태도였을까 궁금하지만, 그 친구의 성향이라면 그랬을 것 같다. 6급 장애인이 된다는 사실을 절망으로 받아들이는 사람들도 있고 장애인 등록 자체를 거부하는 사람들도 있다는 점을 감안해 보면, 그 친구는 장애를 인생에 찾아온 가벼운 사건 정도로만 여기는 유쾌한 장애인이었다. 그리고 나는 "장애인이 되면 뭐가 좋은지 말해 봐"라는 질문이 나올까 염려하면서, 허세를 떨었던 것 같다. 게다가 '5급이나 6급은 장애인 축에 끼지도 못한다고' 나름의 장애 개그를 덧붙이기까지 했다.

우리 사회에서 장애를 대하는 태도는 주로 온정적이거나 동정적이었고, 장애는 때로는 비웃음이나 경멸의 대상이 되기도 했다. 그렇기에 장애는 결코 가볍게 다룰 수 없는 엄숙하고 조심스럽고 또 무거운 주제였다. 하지만 장애인들 사이의 대화를 들여다보면, 그것은 아주 오랜 편견이 빚어 낸 결과가 아닐까 싶다. 장애인들의 모임에서 자신의 장애 경험을 주제로 이야기할 때의 분위기는 대체로 즐거운 것이다. 슬픈 이야기도 웃긴다. 차별을 당하거나 억울했던 이야기들도 풍자적으로 말하거나 회화화해서 동료들과 같이 그 감정을 공유하며 웃는다. 장애인 개개인의 장애 수용 정도에 따라서 장애 경험에 대한 이야기가 우울해질 수도 있으나, 대체로 당당한 장애인으로서의 자기 수용이 된 사람들의 경우, 위트 넘치는 대화로 장애 경험을 공유하는 듯하다.

예를 들면, 내가 대학교 2학년 때였다. 장애인이라는 사실을 받아들이기 싫었고, 예쁜 여대생으로만 자신을 평가하고 싶었던 어느 날이었다. 학교에서 혼자 길을 걷는데, 의수의 실리콘 부분이 빠져서 손(의수)이 땅바닥으로 스르르 떨어졌다. 길가던 사람들이 놀랐던 것 같고, 나는 창피해서 팔을 주워 들고 구석진 곳으로 도망가서 수습을 했다. 그리고 그날 밤 너무 속상해서 많이 울었던 것 같다. 그땐 그랬다. 그런데, 지금은 달라졌다. 그때 일을 떠올리면, 너무 웃긴다. 지나가던 사람들이 얼마나 놀랐을까? 그냥 태연하게 주워 들고 갈 걸 그랬나 싶기도 하다. 10여 년의 시간이 흐르면서 장애를 수용하게 되었고, 장애와 관련된 일들이 재미난 이야기로 바뀌게 되었다.

또 하나의 이야기를 해 볼까? 몇 년 전에 지하철에서 있었던 일이다. 옆에 앉은 술에 취한 아저씨 한 분이 슬그머니 내 왼손 의수를 잡는 것이었다. "왜 이리도 희고 고우냐"라는 말도 덧붙였다. 난 그때 너무 놀라서 소리도 못 질렀는데, 같이 있던 친구가 소리를 질렀고, 아저씨는 깜짝 놀란 듯 손을 치웠다. 난 "그 아저씨가 더 놀랐을 거야. 희고 고운 손이 차가운 플라스틱과 고무여서 말이야"라고 하면서 친구를 다독였다. 다만, 의수를 만진 것도 성추행에 들어갈까? 성적 수치심을 느끼게 하는 신체의 일부로서, 의수나 의족도 법적으로 인정이 될까? 뭐 이런 것이 궁금해질 뿐이었다. 한편으로는 감쪽같이 진짜 같은 의수가 고맙기도 했다.

사실, 장애인들 다수는 이렇게 자신의 장애를 좀 더 가볍고 일상적인 것으로 대한다. 특히 장애인들끼리 만나서 이런 주제로 이야기를 하면 계속 웃을 일만 생긴다. 비장애인들의 생각처럼 무거운 주제가 아닌 것이다. 장애 문화 속에 대화 코드로 "장애 개그"가 존재하는 것 같다. 장애를 가진 것이 감춰야 할 부끄럽고 무거운 화두가 아니라는 걸 이 장애 개그들이 보여 준다. 장애인의 삶이 그저 스스로 아픔을 다독이며 이겨 낸 눈물 어린 이야기가 결코 아니라는 것을 말이다. 그냥 하루하루 누구나처럼 살아가는 일상을 뻔뻔하게 또 당당하게 드러내는 것이다. 의수가 바닥에 떨어질 때 팔이 길어지는 만화 주인 공 가제트 같았을까? 또 지하철 추행범은 의수에 얼마나 놀랐 을까? 뭐 그런 상상을 할 뿐이다.

몇 년 전에 이 장애 개그의 영역을 TV 프로그램, 〈개그콘서 트〉에서 편성했던 적이 있었다. "바퀴달린 사나이"라는 코너였 다. 휠체어를 탄 남자가 "오늘은 제발 무사히 싸게 해 주십시 오"라고 했다. 장애인들이 사용하기 어려운 공중화장실의 경 험을, 그 배설의 고통을 웃음의 소재로 만들었다. 또 "아저씨는 왜 다리가 없어?"라고 묻는 꼬마에게 "난 숏다린데"라고 답하 던 그의 이야기가 아직도 또렷이 기억난다. 그 이야기를 들으면 서 배를 움켜잡고 웃었다. 그런데 몇 주 지나지 않아 그 코너가 폐지되었다. 열혈 시청자로서 이유를 직감했다. 관객들이 편하 게 웃지 않기 때문이다. TV를 통해 본 관객들의 모습은 장애 인의 이야기에 웃어도 되나 걱정하고 긴장하는 표정이었다. 속 시원하게 웃는 관객이 없었고, 장애인의 이야기를 희화화하고 코미디로 풍자하는 모습이 관객들에겐 불편하고 공감이 되지 않는 것 같았다. 그래서 웃어야 할 부분에서 어색한 떫은 표정 들만 하고 있었던 듯하다.

장애는 감동과 위안의 대상으로서 TV 프로그램에 많이 등장 한다. TV는 다수의 관객이 원하는 카타르시스를 느낄 수 있는 내용만을 보여 준다. 그렇기에 사람들의 장애에 대한 인식은 계 속 온정적인 수준에만 머물러 있는 것이 아닐까? 사실, 탈을 쓰 고 양반 중심의 사회를 풍자했던 과거의 광대극처럼, 장애 경험을 녹여 낸 장애인들의 개그에는 장애 억압의 역사와 자유에 대한 갈망이 녹아 있다. 하루하루 당당하게 삶을 살아가는 그들만의 삶의 방식들이 들어 있기에 웃다가 눈물이 나는 진정성도 있다. 장애를 결코 웃음의 소재로 받아들일 수 없는 우리 사회가 정말 웃기는 세상 아닌가?

장애인들이 장애로 인해서 울다가 웃고(장애를 수용하고), 장애로 인해 웃다가 울기까지 하고(장애 개그에 동참), 더불어 비장애인들도 장애 개그를 듣고 편하게 웃을 수 있으면(사회의 장애 인식 수준이 개선된 증거) 좋겠다. 장애 개그의 소재가 또다시 개그 프로그램으로 편성될 때, 장애인과 비장애인 모두가 공감하고 편하게 웃을 수 있기를 기대해 본다.

갑을 관계로 본 장애 감수성

일상을 살아가면서 우리는 얼마나 상대에 대한 공감과 존중을 하고 있을까? 얼마 전 땅콩 회항 사건이 사회적으로 뜨거운 논란이 되었고, 그 어느 때보다 사회적 계급의 문제나 타자에 대한 존중이나 인권의 문제가 화두가 되었다. 하지만 잠시 이슈가 되었을 뿐, 우리 사회의 타자에 대한 혐오 내지는 갑질 논란에 대한 성숙한 자성의 시간을 갖지는 못한 듯하다. 이 글을 통해 갑질과 계급, 장애의 문제를 다양한 차원에서 생각해 볼 수 있었으면 한다.

돈을 기준으로 하면 부를 가진 자와 그렇지 못한 자가 갑을 관계가 되지만, 신체적 정상성을 기준으로 하면 비장애인과 장애인이 갑을 관계가 될 수 있다. 사회 내에서 지향하는 가치 이데올로기의 기준이 무엇인가에 따라, 권력을 가진 자와 갖지 못한 자 사이에 보이지 않는 갑을 관계가 성립되는 것이다. 갑을의 관계가 전복되고 장애와 비장애의 구분이 완벽하게 사라지

는 것이 우리가 추구하는 이상향이겠지만, 우리 사회 내에는 신체적 정상성이 강조되거나 자본으로 환산되는 노동 가치만 존중하는 이데올로기가 뿌리 깊이 박혀 있어, 장애인이 권력을 갖는 이데올로기적 전복은 매우 요원한 일이다.

이런 상황에서는 상대에 대한 존중의 태도와 방식이 더 중요한 건지도 모르겠다. 계약서에 명시되어 있지 않더라도, 갑을 관계 속에는 서로를 존중하는 방식들이 암묵적으로 합의되는데, 이는 어느 정도 안정적이고 인권적인 관계를 유지해 나갈 수 있도록 돕기 때문이다. 그동안 갑을 사이의 이해와 공감, 배려에 대한 고민이나 논의는 거의 없었다. 특히 장애 이슈의 경우, 장애인과 비장애인의 서로에 대한 공감과 이해는 매우 중요하며, 장기적으로 우월함과 열등함을 기준으로 사람을 나누는 식의 이데올로기를 없애는 데 기여할 수도 있을 것인데, 이에 대한 교육이나 사회적 논의는 거의 없었다. 심기 불편한 갑을 논쟁의 형태가 아닌, 다소 완화된 장애 인식 개선 교육이 이루어지고 있을 뿐이다. 하지만 인식 개선 교육은 장애인을 불쌍하게 여기거나 동정의 시선으로 보지 말아야 한다는 것을 강조할 뿐, 구체적으로 일상 속에서 어떻게 대해야 하는지에 대해서는 충분히 다루지 못하고 있다.

장애인과 비장애인의 서로에 대한 이해와 공감은 "장애 감수성"으로 대표된다. 장애 감수성이란 '장애에 대한 어떤 반응'으로 볼 수 있는데, 주로 비장애인에게는 장애에 대하여 이해하고 장애인을 인격적으로 존중하는 태도를 의미하며, 장애인에게는 스스로가 일상 속에서 타인으로부터 인격적 존중을 받을 가치가 있음을 아는 것을 의미한다. 장애 감수성과 관련된 사례를 통해 장애인과 비장애인의 관계가 얼마나 개선될 수 있는지 생각해 보자.

미국 유학중 겪었던 일이다. 카페에서 커피를 주문하거나 미용실에서 머리를 자르거나 식당에서 음식을 주문할 때, 상점의 직원은 항상 뇌 병변 장애가 있는 미국인 친구 대신 의사소통에 장애가 없을 것 같은 나에게 무엇을 주문할 것인지 물었다. 미국인 사이에서 영어가 부족한 한국인 유학생이 통역을 하는 상황은 사실 우스꽝스럽다. 그럼에도 불구하고 항상 이 친구는 머리를 자르러 미용실에 갈 때면 나를 불러내어 통역을 부탁했다. 뇌 병변 장애인의 발음에 익숙하지 않은 이들에게는 첫 의사소통이 어려울지도 모른다. 하지만 조금만 더 세심하게 주의를 기울이면 알아듣기 어려운 것도 아니다. 그리고 동행인을 보호자라고 생각하는 오해는 하지 말아야 한다.

한 번은 식당에서 여느 때와 마찬가지로 이 친구가 무얼 주문할 거냐고 동행인인 나에게 묻던 웨이터의 태도가 급변하는 것을 보았다. 바로 거액의 팁 때문이었다. 휠체어를 탄 이 친구가 20달러의 팁을 꺼내들기 전까지 물 한 잔 서빙 하는 것까지 모두 동행인 내게 물었다. 팁을 건넨 이후 이 웨이터의 시선과 모든 질문은 내가 아닌 그 친구에게로 향했다. "장애로 인해 존중받지 못하는 관계를 이렇게 뒤바꿀 수 있는 건 너만의 자본력 때문인 걸 알지?"라고 말하는 나에게, "세상의 수많은 일들

을 너무 복잡하게 생각하지는 마"라고 답하던 그 친구가 떠오른다. 하지만 수많은 장애인 당사자들은 자본의 힘을 빌려 타인의 존중을 살 수 없다. 모르는 척 지나가도 상처받고, 또 그런 상처들이 마음에 딱지로 켜켜이 쌓여서 큰 무덤이 될 때까지 그냥 참는 경우가 대부분이다. 왜 나한테 제대로 주문을 받지 않느냐고 따져 물으면서, 동행인 전체의 기분 좋은 식사 자리를 망칠 수도 없기 때문이다. 하지만, 오늘을 살아가는 한 사람 한 사람의 장애인들은 사회를 변화시키는 개척 정신으로 따질 것은 따지면서 권리를 찾아 나가야 한다. 그래야 또 다른 장애인들이 조금은 나아진 사회 환경 속에서 살아갈 수 있기 때문이다.

한편, 비장애인이 장애 감수성을 키우고 이행하는 방법은 간단하다. 장애인을 비장애인과 같은 욕구를 가진 인격체로 보고 대하면 된다. 일차적으로는 무례하지만 않으면 된다. 지하철에서 손이 왜 이렇게 생겼느냐면서 나의 의수를 덥석 잡는 60대 이상의 할아버지들이 있다. 그런 공격을 당한 날이면, 하루 종일 기분이 우울하고, 성추행으로 고발할 수는 없는지 궁금해진다. 이런 무례함만 없다면, 기본적인 장애 감수성은 있는 사람일 것이다. 사실, 우리 사회의 다수는 이러한 장애 감수성의 기본은 갖추고 있다고 생각한다. 그러나 기본을 갖추었다고 장애 감수성이 있는 사람은 아니다. 다음 단계의 한 차원 더 성숙한 장애 감수성을 갖추어야 한다. 그것은 장애인을 도우려고 과도하게 애쓰지 말아야 한다는 것이다. 때로 우두커니 서 있는 시각장애인에게 돈을 준다거나, 지하철에서 만난 시각장애인에게 무작정 다가가서 인도주의 정신을 발휘해 먼저 손을 잡고 길을 안내해 주는 등의 태도는 장애 감수성이 부족한 모습이다. 휠체어를 탄 사람을 보면 무조건 밀어 준다거나 몸이 불편한 사람이 말을 할 때 대신 말해 주거나, 일이 서툴러 보이는 장애인의 일을 그냥 대신해 주는 태도도 장애 감수성이 떨어지는 것으로 볼 수 있다. 스스로 이동할 수 있는 장애인은 스스로 움직일 수 있도록 해야 하며, 계단이나 턱이 있을 때에는 먼저 도울 일이 있는지를 묻고 필요한 도움을 주는 편이 좋다. 알아듣기 힘든 뇌 병변 장애인의 말을 알아들은 척하거나 대신 말해 주는 것도 무례한 행동이다. 편안하게 말할 수 있도록 기다리는 자세가 필요하다. 서툴러 보이더라도 일을 대신해 주기보다는 기다려 주고 순서를 알려 주는 것이 좋다.

마지막으로 완성된 장애 감수성의 단계는 장애인과 비장애인이 결국은 다 같은 사람이며, 서로 존중하면서 더불어 살아갈 필요가 있음을 알고 그대로 이행하는 단계이다. 장애인 화장실도 비장애인이 이용할 수 있음을 알아야 한다. 장애인 화장실은 '장애인 우선'이 중요할 뿐, 비장애인도 상황에 따라서 급하면 이용할 수 있고, 아기와 함께 보다 넓은 곳에서 용변을 볼 필요가 있다면 함께 이용할 수도 있다. 우리 사회의 장애 감수성이 이 단계까지 가려면, 먼저 장애인의 권리가 어느 정도 보장되어야 하고, 장애인들도 비장애인과 더불어 나눌 수 있는 너그러운 마음이 필요하다. 장애인의 것과 비장애인의 것을 과도하게 구

분하거나 장애인의 권리만을 과도하게 강조한 나머지, 장애인이 갑이 되고 비장애인이 을이 되는 실수를 범해서는 안 된다. 예를 들어, 장애인은 활동보조인에게 예의를 갖추어야 한다. 휠체어에 앉은 본인은 우산을 쓰고 비를 피하면서 휠체어를 미는 활동보조인에게는 비를 맞으라고 강요할 수 없는 것이다.

비장애인은 장애 감수성을 키울 필요가 있으며, 장애인을 대등한 인격체로 대하는 것이 중요하다. 장애인은 시민으로서 누릴 당당한 권리를 누리는 것은 물론 일상에서 만나는 많은 이들과의 불편한 관계 속에서 감정을 소진당하지 않도록 스스로 당당해져야 하며, 비장애인에게도 예의를 갖추는 너그러운 시민의식이 필요하다. 서로에 대한 존중과 예의가 공존하는 단계에 이른다면, 우리 사회는 장애 감수성이 넘치는 사회로서 '서로 다름에 대한 공감과 예의'를 갖춘 성숙한 시민사회가 될 것이다. 신체적 정상성을 근거로 하는 갑을 이데올로기가 사라지길 바란다.

"손해 보는 인생"을 교육할 수는 없는가?

"아니, 아이 얼굴이 왜 그래요? 어쩌다가 다쳤어요?"

"우리 애랑 같은 반에 장애아가 있는데, 애 얼굴을 다 뜯어 놨어요. 자기 팔에 칼로 막 긋고 자해도 하고, 옆에 있던 우리 애 얼굴도 그 애가 달려들어 물어뜯어서… 그래서 요즘, 피부과에 다니잖아요."

"저런 어째."

"장애아랑 같은 교실에 있는 거… 너무 위험해서 안 되겠더라고요."

"얼굴에 흉이나 지지 말아야지… 아휴… 얼마나 속상하겠어."

어제 슈퍼마켓 계산대에서 내 차례가 되기를 기다리다가 우연히 듣게 된 두 아주머니의 대화이다. 이 대화를 들으며 중학교 2, 3학년 정도로 보이는 그 남자아이의 얼굴을 보게 되었다.

입가에 화상 자국처럼 흉터가 있었고, 연고를 듬뿍 발라 놓은 빨갛게 부풀어 오른 피부가 유난히 아파 보였다. 두 아주머니의 대화중에도 표정을 바꾸지도 않고 얼굴을 가리지도 않고 그냥 묵묵히 장바구니에 있는 물건들을 계산대에 올려놓던 그 학생이 착해 보이기만 했다. "엄마, 나 괜찮아요. 장애 있는 친구, 위험하지 않아요"라고 한 마디만 해 주었더라면 더 멋있어 보였겠지만, 입가와 볼에 눈에 띄는 상처를 입은 그 학생이 사람들 많은 곳에서 엄마의 장보는 일을 도와주는 모습만으로도 멋져 보였다.

사고라는 것은 장애인에게도 비장애인에게도 일어날 수 있다. 이 학생이 처했던 정황을 정확히는 알 수 없지만, 장애 학생과 같은 교실에 있는 것이 위험하다는 일반화야말로 더 위험한 것은 아닐까? 나의 학창시절을 돌아보면, 학교생활 가운데 여러 사고의 위험은 늘 존재했던 것 같다. 여자 짝꿍의 얼굴이 못생겼다는 이유만으로 그 여자아이의 옷을 가위로 전부 잘라놓고 그 가위로 짝꿍을 위협한 아이가 있었다. 그 남자아이는 장애아가 아니었다. 또 야외 학습시간에 학교 뒷산에서 뱀에게 물려 기절하고 구급차에 실려 간 학생도 있었다. 친구들끼리 싸움이 나서 얼굴에 멍이 들고 학생부에 끌려가 혼이 난 학생들도 있었음을 기억한다. 또한 비장애 학생이 장애 학생을 바보라고 놀리고 못살게 굴고 때리고 위협하는 것을 보기도 했다. 사고라는 것은 예측 불가능한 것이며, 그 장소는 가정, 학교, 사회 어디든 일어날 수 있고, 장애인과 비장애인 모두 피해자가 될 수도 가해자가 될 수도 있다. 그럼에도 불구하고, 위 사례의 어머니의 바람대로 비장애 학생들의 안전을 위해 장애 학생을 따로 분리한다고 해서 학교가 정말 안전해질까? 학생의 안전을 지켜 주는 일은 당연히 학교의 몫이기는 하지만, 이러한 사고를 이유로 하여 장애 학생과 비장애 학생을 분리된 환경에 둔다면, 이는 다수의 장애 학생에게 제도적으로 가하는 또 다른 폭력이 아닐까?

장애아의 통합 교육은 최근의 세계적인 추세이다. 인간의 다양성을 인정하고, 서로 다른 사람들끼리 한 공간에 어우러져 함께 살아가는 법을 배울 수 있으니, 얼마나 좋은가. 이러한 추세 속에서 한국에서도 아주 약간의 변화가 일어나고 있다. 장애인 차별금지법이 입안되면서, 일반 학교와 교육 관련 시설에서 장애를 근거로 차별을 할 수 없게 되었다. 보육 시설에서부터 장애아 통합 교육을 실시하고 있으며, 시군구 단위로 통합 교육 지원 센터도 운영되도 있다. 이런 변화의 과정에서 현재는 매우 중요한 시기이다. 이제 거시적 차원에서 통합 교육이라는 방향을 설정하였다면, 앞으로 나타날 수 있는 다양한 문제들을 예방하고 또 처리할 수 있는 미시적 차원의 노력들이 필요하기 때문이다.

이런 변화의 분위기 속에서, 몇 달 전에 유치원 및 보육 시설의 장애아 통합 교육을 위한 가이드라인이 되는 책자를 개발 중이라는 한 선생님을 뵌 적이 있다. 그분 말씀이 비장애아의 부모님과 학교 교사들을 설득하는 일이 가장 어렵다고 했다.

조언을 부탁한다는 말에, 어떤 사회복지적 혹은 장애학적 관점의 이론을 이야기하는 것은 별 도움이 안 될 것이라 생각했다. 장애인도 비장애인과 똑같은 인간으로서 존중받을 권리가 있다는 원론적인 말들은 금쪽같은 자신들의 자녀를 가르치는 데 전혀 중요한 문제가 아니라고 치부할 것이기 때문이다. 장애라는 것이 다른 신체적·정신적 특성을 가진 인간의 다양한 조건들 중의 하나이며, 장애인을 분리하고 낙인찍는 것이 장애인들을 얼마나 힘들게 하는가도 비장애아의 부모들에게는 중요한 관심사가 되지 못한다.

흥미로운 것은 장애아의 부모들 역시 자신의 아이들과 다른 장애아(특히 자신의 아이들보다 신체적으로나 정신적으로 중증인 장애아)에 대해 비장애아의 부모들이 그러했던 것처럼 똑같이 타자화 하고 한 공간에서 교육받게 하기를 원하지 않는다는 점이다. 장애인 집단 내에서도 계급화가 이루어진다고 외국의 몇몇 연구들이 밝히고 있는데, 이전에 지체장애아의 부모들을 인터뷰하였을 때, 대부분 자신들의 아이가 지적장애가 있는 아이들과 같이 공부하는 것이 싫다고 대답하였다. 이유는 중증 지체장애인 아이들이 지적장애아로부터 신체적 공격을 당하면 피하지 못하기 때문이라 하였다. 비장애아의 부모들이 편견으로 인해 장애아에 대한 후진적 태도를 갖고 있듯이, 장애아의 부모들도 상대적으로 중증인 장애아에 대해 차별적이고도 후진적인 태도를 갖고 있었다. 또 교사들은 어떠한가? 장애아가 자신의 책임이 되었을 때, 무엇을 어찌해야 할지 모르겠다는 답이 대부분이다. 그들에게 장애아는 비장애아에 비해 여러모로 신경 쓰이는 그런 존재가 된다.

이런 환경 속에서 장애아와 비장애아의 통합 교육을 위한 내 대답은, 아이들에게 "손해 보는 삶"에 대해서 가르치면 어떨까 하는 것이다. 우리 교육의 가치관을 경쟁과 성공에 둔다면, 장애아 통합 교육은 그 어떤 말로도 설득력을 가질 수 없다. 전체적인 교육의 틀이 신자유주의적 이데올로기 속에서 경쟁과 우열을 우선시하면서, 다른 한편으로 장애 학생의 인권 보장을 위해 통합 교육을 실시하려다 보니, 방향성이 일치하지 않고, 교사나 학부모, 또 장애아 부모들 사이에서도 불협화음이 나타나는 것이다. 경쟁만을 가르치기보다는, 조금 양보하고 나누고 손해 보는 삶의 가치에 중점을 둔 교육에 대해서 우선적으로 합의가 이루어질 필요가 있다. 비장애아 부모와 교사들을 설득할 때, 장애인의 인권 보장 측면에서의 당위성만을 언급한다면 설득력은 떨어질 것이다. 요즘 우리네 아이들이 자기중심적으로 되어 가고, 많은 관계 맺음 속에서 자신을 자리매김하는 방법들을 모르며, 신체적·정신적으로 유약해지고 있다고 확인시켜 주어야 한다. 그리고 장애아와의 통합 교육은 결코 자신들의 아이에게 해가 되지 않으며, 그 안에서 양보하고 나누며 함께 일구어 가는 세상을 경험할 것이라고 설득해야 할 것이다. 악착같이 자기 주머니를 채우는 데 급급한, 1점이라도 더 올리는 데 온 힘을 기울이는 세상에서, 조금 손해 보고 사는 인생의 맛을 알게 하는 것이 얼마나 가치 있는 일인지(물론 때로는 시혜적 태도의 자기만족에서 나오는 아량일지 모르나), 인생의 가치를 어디에 두어야 하는지 가르치는 것이 교육의 몫임을 확인시켜야 할 것이다. 오히려 장애아와 함께 하면서 모습과 방식은 다르지만 저마다의 삶의 희로애락이 크게 다를 것이 없다는 세상사의 이치까지 배울 수 있을지도 모른다. 자신의 아이들에게는 최고의 교육환경을 제공하고자 하는 부모들의 마음에 장애아와의 통합교육은 아이들의 지적·신체적·감정적 성장에 걸림돌이 아닌 디딤돌로서 웰빙의 교육 환경을 제공할 것이라는 점을 알리고 싶다. 통합 교육의 초기 단계인 현재, 손해 보는 삶처럼 느껴지는 환경이 오히려 아이들에게 더욱 풍요로운 삶을 가져다줄 것이라 기대한다.

2부

장애와 가족, 지역사회

장애인 가족으로 살아가기

얼마 전, 한 아주머니께서 질문이 있다며 조심스레 말을 걸어왔다. "친한 친구가 자폐증을 가진 첫 딸을 두고 있는데, 둘째를 낳을지 고민이래요. 낳으라고 지지해 줄까요? 아니면, 자폐증이 있는 첫 아이에게만 집중하라고 할까요? 둘째도 같은 장애를 가진 아이면 어쩌나 싶기도 하고, 둘째가 비장애아라고 해도 둘을 기른다는 것이 버거울 것도 같고, 두 아이 모두에게 못할 짓 하는 건 아닌가 해서 고민이라고 하더군요."

이분의 질문은 나의 장애인으로서의 삶과 가족 관계를 되돌아보게 했다. 나 자신의 문제, 특히 나의 장애의 문제에만 매몰되어 있던 내가 가족의 입장에서 생각해 보게 된 것은 20살이 훨씬 지나서였던 것 같다. 장애로 인해서 밖에서 사람들로부터 무시를 당하거나 짜증나는 일이 있으면, 엄마나 동생에게 "이렇게 사는 게 어떤 건지 아느냐"고 짜증만 냈다. 나의 장애로 인해 다른 가족들이 가지고 있을 부담감이나 어려움에 대해서

는 생각조차 하지 못했다. 그래서 나의 사춘기는 이차성징과 관련된 여느 아이들의 관심과 특성과는 달리, 나 자신에 대한 치열한 고민과 짜증만 있었다. 또한 가족 간의 갈등으로 독한 사춘기를 보내야 했던 것 같다. 부모에 대해서는 나를 장애아로 낳은 것에 대한 원망의 마음이 있었고, 2살 터울의 동생에게는 건강한 신체에 대해 부러운 마음이 있었던 듯하다.

　서른을 훌쩍 넘은 지금은 나 자신과 가족에 대해 관대해졌다. 장애가 없었다면 지금의 나와 같은 나일까? 그 자체로서의 나 자신을, 부모님의 어떤 잘못도 아닌, 그냥 나라는 존재가 이렇게 만들어졌다는 것을 수용하게 되면서, 더 이상 부모님이 원망스럽지 않게 되었고, 동생에겐 동생의 삶이, 또 나에겐 나의 삶이 있다는 것도 깨달으면서 부러운 마음도 없어졌다. 이런 마음을 먹기까지 나는 내적으로 치열한 전쟁을 치렀다. 그래서 나만 힘들었다고 생각했다. 하지만 이제 와서 부모님의 입장과 동생의 입장을 생각해 보면, 우리 가족 모두는 보이지 않는 저마다의 심리적 수난 시대를 살아온 것 같다.

　우리 부모님은 장애아를 낳고 둘째를 낳는 문제를 고민하지 않았을까? 앞의 질문에 나왔듯이 말이다. 몇 년 전에, "엄마는 장애 걱정 없이 동생을 낳았어?"라고 물었던 적이 있다. 다른 장애인 선후배를 보니 태어날 때부터 장애를 가졌던 경우에는 대개 동생이 없었기 때문이었다. "우리는 무식해서 용감했다. 니가 장애가 있다고, 동생도 그러라는 법이 어디 있냐? 그냥 낳았는데…." 명쾌한 답이 돌아왔다. 유쾌하게 이야기하셨지만,

87

난 우리 부모님도 쉽게 하지 않은 결정이란 것을 안다. 엄마는 장애를 가진 첫 딸을 낳고 한 일 년은 세상이 무너진 것 같고, 온몸과 머리가 너무 아파서, 병원과 기도원 등 안 다녀 본 데가 없이 다니고, 원인 모를 두통에 계속 시달렸다고 하셨다. 친구 관계도 다 끊고, 어떻게 살아갈까 만을 고민했다고 하셨다. 미국인 친구 켈리도 뇌성마비를 가진 장애인으로 태어났고, 그녀의 엄마는 속병이 나서 지금도 식사를 한두 수저밖에 못한다고 했다. 켈리네 집 역시도 이전의 사회적인 교류 관계가 그녀의 출생 이후 대부분 끊겼다고 했다. 아빠는 어떠했을까? 우리 시대의 열심히 사는 가장들이 대부분 그랬겠지만, 아빠도 장애를 가진 딸을 남보란 듯 길러 보겠다고 청춘을 돈 버는 일에 다 바쳤다.

장애아를 낳고 기르는 것은 그 누구도 예측하지 못한 일이었을 것이다. 결혼하고 신혼 시기를 보내다가 첫 아이를 낳게 될 때, 대부분의 새내기 부모들은 건강한 아이의 출산을 기대한다. 요즘은 산전 검사를 하고 장애아 진단을 받게 되면, 출산 방법을 고민하고 선택하는 것이 아니라 출산 여부를 놓고 고민한다. 장애 인구 중 선천적 장애 인구가 겨우 5-10%를 차지하고 있는 이유도 이 산전 검사와 그 이후의 처치 때문일 것이다. 왜 장애아 낳기를 선택하는 것은 어려울까? 아이의 미래를 위해서? 성장하면서 아이가 상처를 받을까 봐? 한국 사회에서 장애인이 살아가기 힘드니까? 뭐, 그런 이유도 있겠지만, 장애 아이의 부모로 살아가는 삶을 피할 수만 있다면 피하고 싶기 때문

이 아닐까? 장애아의 부모로서 살아가는 삶은 경제적, 신체적, 심리적으로 모두 힘들고 어렵다. 사회에서 함께 가족 부양을 하겠노라고 장애인 복지 제도를 활성화시키고 있지만, 장애아의 양육 문제는 현재로서는 고스란히 부모의 몫이다. 그렇다 보니, 장애아를 임신한 경우 중절수술과 같은 돌이킬 수 없는 선택을 하거나, 낳는다고 하더라도 양육을 둘러싼 가족의 희생이 요구되는 상황이다.

　다시 위의 질문으로 돌아가 보자. 장애아가 있는데, 둘째 아이를 낳을 것인가의 질문에 대해, 첫째 아이가 비장애아였다면 이런 고민을 했을지 반문하고 싶다. 그리고 장애 여부를 막론하고, 동생이 있는 것이 없는 것보다 좋다고 답하고 싶다. 부모는 장애를 가진 자녀에게 무한대의 사랑과 배려를 베푼다. 그렇기 때문에 혼자 자란 장애아의 경우, 세상의 이치를 알아 가고 배우는 데 더디다. 하지만 동생이 있다면, 동생은 장애가 있는 첫째에게 세상을 먼저 경험하도록 할 것이다. 동생은 양보나 배려보다는 일대일의 관계로 부모에게 똑같이 사랑을 받길 원하고, 장애인 형제자매와 싸우기도 하기 때문이다. 부모는 장애아를 장애인으로 대하고 특별히 취급하지만, 장애인의 형제자매는 장애아도 자신과 같은 처지의 형제자매로 보는 것이다. 내 동생은 고1, 나는 고3 때였다. 도시락 두 개와 무거운 가방을 들고 통학을 했는데, 부모님께서는 팔이 불편한 나만 차로 등교시켜 주시고, 다른 고등학교에 다니던 동생에게는 버스를 타고 다니라고 하셨다. 그때, 동생이 "나도 팔이 하나만 있었으면 좋겠다"라고 말한 기억이 난다. 그리고 동생은 언제나 장애가 있는 언니와 똑같이 해 달라고 부모님께 요구했다. 때로는 이런 문제들로 가족 갈등이 심화되기도 했었다. 동생과 나, 둘 다 사춘기를 보낼 무렵, 부모님께서는 그때가 우리를 키우기 가장 힘든 시간이었다고 하신다. 그러나 부모님께서 힘들었다던 그 시기가 나에게는 너무나 소중한 시간이고 경험이었다고 생각한다. 배려받는 게 습관이 될 수도 있는 장애인에게 형제자매를 통해 알게 되는 것은 너무나 많다. 장애인 가족은 사회에서도 고립되어 지내는 경우가 상대적으로 많은데, 비장애 형제자매 없이 자랐다면, 장애아인 나는 외골수에 고집쟁이가 되었을지도 모르겠다. 물론 동생의 입장에서는 좋은 것이 없었을지도 모르겠다. 장애아가 있는 가정의 비장애아들은 돌봄을 일찍 배우는 등 조기 성숙하거나, 부모로부터 사랑을 충분히 받지 못해 박탈을 경험하거나, 장애 형제자매에 대한 책임감과 부담감으로 힘들어 하기도 한다. 하지만 그들은 동시에 인생사의 다양한 모습에 대하여 일찍 깨달으면서, 더욱 진지하게 열심히 살아가게 되지 않을까? 장애아나 비장애아 모두에게나 둘째의 출생은 좋은 일이라고 믿고 싶다.

로마로 여행을 가려고 했던 어느 부부가 예상치도 못한 네덜란드에 불시착하여 충격에 휩싸였는데, 정신을 차리고 돌아보니, 콜로세움은 없어도 튤립이 있고 풍차가 있어서 행복한 여행을 했다고 한다. 장애아를 기르는 일도 이와 같다고, 외국의 어느 장애아를 둔 부모의 글에서 보았다. 누구도 예상하지 못하

였으나, 불행한 것이 아니라 또 다른 행복이 있는 인생길이라
는 것이다. 만약 누군가 첫 아이가 장애아인데, 둘째를 낳을 것
인가의 문제로 고민하고 있다면, 불시착한 네덜란드에서의 행
복했던 여행처럼, 새롭고 달라서 좋은 인생의 여행길에 또 다른
행복을 가져올 둘째를 기대해 보라고 이야기하고 싶다. 세상에
나를 있게 한 부모님과 세상을 살아가는 방법을 알게 해 준 동
생에게 고마움을 전한다.

장애인으로 부모 되기란

장애인 가족에는 장애를 가진 부모도 있다.

장애인 복지를 공부하고 있어서일까, 최근 들어 장애인 가족을 보여 주는 방송 프로그램들이 자꾸 눈에 들어온다. 그 내용들을 접하며 "장애인 가족"에는 자녀가 장애를 가진 경우만 있는 것이 아니라, 부모가 장애를 가진 경우도 있다는 단순한 사실을 직시하게 되었다. 나에게 여러 해 동안 "장애인 가족"이라는 말은 자녀가 장애를 가진 경우로만 인식되었던 것이다. 왜 그랬을까? 아마도 나의 원 가족만을 연상했기 때문일 것이다. 부모님과 형제들이 모두 비장애인이고 나 혼자만 장애인인 가족 구조를 자연스레 가장 먼저 떠올린 것이다. 그리고 장애인 가족에 대한 복지 제도들도 그 범위 속에서만 생각했던 것 같다. 그런데 이러한 좁은 생각에 나만 갇혀 있었던 것은 아닌 듯하다. 기존의 장애인 가족을 위한 지원 정책들은 다수가 장애 아동이 있는 가정을 중심으로 짜여 있다. 다른 정책 연구가들도 장애인 가족을 위한 제도나 서비스를 개발할 때에 자녀가 장애인인 경우만을 더욱 밀도 있게 다룬 것이다. 다들 장애인이 부모가 될 수 있다는 것을 전제하지 못했기 때문은 아닐까? 돌봄을 받는 입장인 장애인을 떠올리면, 돌봄의 제공자 역할이 기대되는 부모의 이미지와 상충하기에, 장애를 가진 부모를 생각하지 못한 것은 아닐까?

장애를 가진 부모, 그들을 위한 사회복지?

장애인 부모의 욕구보다 장애인 아동을 둔 경우에 복지 욕구가 커서, 장애인 아동이 있는 가정을 위한 지원 정책들이 장애 가족 정책의 기본일지 모른다. 하지만, 예를 들어 우리나라의 장애인 가족 지원 정책 중 하나를 보면, 장애 아동 부양 수당으로 장애인 자녀 가정을 지원하고 있지만, 장애 부모를 위한 소득 지원은 없다. 장애 성인을 위한 장애 수당이 있으나, 이는 양육의 부담을 덜기 위한 것이 아니라 장애로 인한 추가 비용을 보전하기 위한 제도이며, 저소득층이면서 동시에 중증의 장애인만을 대상으로 한다.

물론, 장애인 부모를 위한 복지 제도들이 그간 미흡했다는 것을 인지하고, 최근에 와서 정부나 관련 전문가들은 장애인으로서 부모가 된다는 것이 무엇인지, 어떤 지원과 제도들이 필요한지 조사하고 정책적으로도 관심을 갖고 있는 듯하다. 장애를 가진 부모를 지원하는 제도로 보조 양육자에 대한 지원이나 보육 시설 이용에 대한 지원, 산전후 조리 지원이 지자체별로 시범적으로 다르게 운영되고 있다. 장애 수당(앞으로는 기초 장애 연금)과 동시에 사회 서비스 영역의 지원으로 장애인 부모가 아동을 양육할 수 있도록 돕는 방식이 제도적으로는 비난할 것이 없어 보이기도 한다. 그러나 장애 부모 수당과 같은 것이 아니더라도 양육을 위한 지원이 확대되었으면 한다. 장애인 부모가 양육을 한다는 것은 더 많은 경제적, 물리적, 심리적 지원을 필요로 하기 때문이다.

부모되기: 의존에서 독립으로의 패러다임을 넘어서, 돌봄의 주체되기

결혼을 하고 많이 듣는 말이 있다. 신혼 재미가 어떠냐는 질문과 2세 계획은 언제쯤 할 것인지에 대한 질문들이다. 6년 전에 결혼한 동생이 꾸린 가족을 보며 나도 언젠가는 부모가 될 것이라고 막연히 했던 생각들이, 최근 들어 이런 질문들을 대할 때마다 보다 현실감 있게 느껴진다. 부모가 된다는 것은 어떤 것일까? 아기 엄마로 살아가고 있는 또래 친구들은 부모가 된다는 것이 곧 자유의 종말이라고 말한다. 화장실에 갈 자유조차 허락되지 않는 상황이라며, 운전을 꼭 배워 두라거나, 돈 들어갈 일이 예상보다 많다며, 많이 벌어 두라고 조언하기도 한다. 아기가 생기면 자가용으로 이동할 일이 많고, 아기 엄마가 이를 준비하지 않으면 남편에게 너무 의존하게 되거나 한 발짝도 못 움직이게 되는 상황이 온다면서, 운전면허는 아기 엄마의 독립성 확보를 위한 기본이라고 말한다. 임신 출산 비용에서 아기 용품 비용이나 예방접종 비용, 산후조리원 비용이 상상 이상

이라고 한다. 게다가 양육 보조자 확보는 무엇보다 중요하다고 말한다. 부모가 된다는 것은 장애가 있느냐 없느냐의 문제를 떠나 설레고 축복받은 일임에 틀림없다. 동시에 준비해야 할 것들도 많은 것이 사실이다.

그렇다면, 비장애인 부모가 감당하는 위의 문제들과 더불어서, 장애를 가진 부모가 감당할 일은 무엇일까? 아직 내 인생에 일어나지 않은 일이지만, 이 글을 준비하면서 많은 생각을 하게 되었다. 우선, 내 아이도 장애가 있다면 어떨까 하는 생각이 든다. 흥미로운 것은 나와 같은 정도의 장애라면 문제가 되지 않을 것 같은데, 정신장애 또는 만성질환이나 중증의 지체 장애라면 어떻게 양육할까라는 생각이 든다. 대부분의 산모가 장애아 출산은 기대조차 하지 않겠지만, 누구에게나 일어날 수 있는 일에서 나만 예외라고 단언할 수 없기에 이런 생각도 드는 건 사실이다. 내가 경험한 나의 장애 수준은 괜찮은데, 나보다 중증이라 여겨지는 장애에 대해서는 나 역시도 염려하고 있다. 뇌성마비 장애를 가진 켈리도 비슷한 이야기를 한 적이 있다. 자신과 같은 정도의 장애 아이라면 얼마든지 양육할 자신이 있는데, 다른 종류의 장애라면, 즉 청각이나 시각 장애를 가진 아이라면, 무엇을 어찌해야 할지 모르겠다는 것이다. 켈리도 나도 각자의 장애 정도를 기준으로 하여 또 다른 형태의 장애인을 바라보는 어떤 부정적인 기준이 있는가 보다. 또한 경험의 힘이란 그만큼 중요한 것인지도 모르겠다. 각각의 삶의 경험이 다르기 때문에 비장애인의 시각에서는 장애인은 모두 살기 힘들겠다는 생각을 하고, 켈리나 나와 같이 장애인인 경우에도 그 경험치대로 우리보다 중증 장애를 가졌다면 살기 힘들겠다고 여기게 되나 보다. 또 한 가지, 장애아를 낳을 경우 걱정되는 것은 "장애인 엄마에 장애인 자녀"를 바라보는 타인의 시선이 어떨까 하는 부분이다. 솔직히 견디기 힘들 것 같다. 그래서일까? 내가 장애아를 낳는다면 어떨까라는 상상은 더욱 그만하고 싶어진다.

또 다른 고민으로, 엄마로서 양육자의 역할을 잘 할 수 있을까? 아이가 나의 장애를 어떻게 받아들일까? 아이가 커 가면서 드는 궁금증에 대해, 나의 장애에 대해 어떻게 설명해 줄까 하는 생각도 든다. 부모가 되는 것에 대한 기대감과 걱정은 많은 예비 부모들이 똑같이 갖게 되는 것이겠으나, 부모가 장애인일 경우 이러한 또 다른 고민거리들이 있는 것이다. 5살 된 조카에게 이모는 아픈 게 아니라고, "병원에 가지 않잖아. 이모처럼 다르게 생긴 사람들이 많아"라고 설명해도, 주변 친척이나 가족들은 계속 아픈 거라고, 이모한테 그런 거 물으면 안 된다고만 한다. 두루마리 휴지처럼 뚱뚱해지기 싫다는 5살 난 조카가 다이어트를 한다고 밥을 안 먹는다. 그만큼 세상이 갖고 있는 외모에 대한 인식과 장애에 대한 인식이 5살 조카에게도 고스란히 자리하게 되는 것인데, 이 후세대 꼬맹이들의 생각에 어떻게 대처할 것인가? 새로운 방안들을 생각해 내야 할 것이다.

부모가 된다는 것은 의존이 아닌 독립이라는 자립 생활 패러다임을 넘어선다. 스스로 결정하고 살아갈 뿐만 아니라 다른 사람의 생활도 책임지는 양육자가 되는 것이기에 그렇다. 남편에게 장애인 부모가 겪을 수 있는, 또는 우리 부부가 겪을 수 있는 어려움이 무엇일 것 같냐고 물었다. 남편은 "여느 부모와 마찬가지겠지 뭐, 우리는 스스로 양육하는 데 어려움은 없을 것 같은데, 다른 장애인 부부, 특히 장애 정도가 심한 부부는 어려울 것 같아"라고 답했다. 켈리와 내가 다른 유형의 장애아를 기르기 힘들 것 같다고 각자의 기준치에서 말한 것처럼, 우리 남편도 나의 장애 정도는 누구의 도움도 필요 없을 것 같다고 한다. 역시 경험해 본 각자의 경험의 기준 때문일까 하는 생각이 든다. 어쩌면 중증 장애인들도 장애 자체로 인해 양육이 어렵다기보다는 사회의 인식과 시선, 또한 아이의 인식 때문에 어려움을 겪을 것이라는 생각이 든다. 자립 생활을 넘어선 양육자의 삶, 누구나 가능한 일이다. 다만 복지적 관심이 조금 더 필요하다.

엄마 되기 60일, 엄마를 알아가다

출산한 지 60일이 지났다. 하루하루 지나면서, 내 몸이 가벼워지는 만큼 아기의 몸은 무거워지고 있다. 엄마가 된다는 일은 참으로 경이롭고 기쁜 일이다. 인생에서 무언가를 얻는다는 기분, 세상과 나와 온 우주가 정말 연결되어 있구나 하는 기분도 든다. 하루 종일 안아 달라고 보채고, 밤새 2시간 간격으로 자다 일어나 분유를 먹어야 하는 수고로움 속에서도 아기의 배냇웃음 한 번에 다시 즐거워지는 것을 보면, 나도 정말 엄마가 되었나 보다.

아기와 나의 만남은

제왕절개 수술을 받고, 마취에서 깨어나 너무나 아파올 때였다. 진통제 주사를 달라고 소리치던 내게 간호사는 주사바늘을 찌른 다음 아기를 안겨 주었다. 발그레한 아기의 볼이 눈에 들어왔다. 아주 작은 목소리로 "예쁘다"는 말 한 마디를 하고는 주사 기운에 다시 잠들었던 기억이 난다. 그것이 첫 만남이었다. 정신을 차리고 난 후, 건강한 모습으로 태어난 아기를 보며 한없이 감사했다. 혹시 장애가 있지 않을까 하는 걱정이 많았기에, 아기의 생김새나 누구를 닮았는지는 신경 쓸 틈도 없었다. 병원에서 청력 검사나 대사 이상 검사 등 한두 가지 검사를 할 때마다 속앓이를 하기도 했다. 의사가 "그냥 보기만 해도 건강한 아기예요"라고 말해 주었음에도 마음이 놓이지를 않았다. 지난 두 달간 걱정과 감사가 오가는 날들을 보낸 것 같다. 그리고 그 시간 동안 나를 낳아 준 엄마로부터 33년 전에 그녀가 겪었던 걱정과 감사의 이야기도 들을 수 있었다.

엄마가 나를 낳던 그때는

엄마는 임신 5개월쯤 양수가 흘러나오기 시작했고, 8개월 무렵에 조산하여 나를 낳았다. 게다가 거꾸로 있는 아기를 자연 분만으로 낳았으니 그 고통은 짐작이 된다. 그러나 낳는 고통은 잠시였다고 한다. 일주일이 되도록 병원에서 아기를 보여 주지 않았고, 나중에 퇴원할 때 아기에게 장애가 있음을 알고는 '차라리 아기가 죽었으면' 하는 생각도 했다고 한다. 해외 입양을 보내라고 권하는 병원을 뒤로한 채 퇴원을 했고, 기르기로 결심했음에도 100일이 될 때까지 '살아도 너만 고생인데… 차라리 죽는 편이 낫겠다'는 생각이 떠나지 않았다고 한다. 병원에서도 나를 포기하라며 젖이 마르는 주사를 놓았고, 덕분에 나는 100일까지 분유로 자랐다고 한다. 처음 듣는 이야기였다.

내 부모가 나의 죽음을 바랐다는 것이 다소 충격이기도 했고, 병원의 대처 방식도 너무하다는 생각이 들었다. 부모나 병원이 아닌, 시대를 탓해야 함을 알고 있기에 '그땐 그랬나 보다' 하고 넘어갔지만, 지금은 장애아로 인해 마음고생을 하는 엄마들에게 다른 선택들(다양한 복지, 교육, 환경 서비스 등)이 마음의 짐을 덜어 주길 바랄 뿐이다.

나를 낳은 지 100일이 지나고 나서, 엄마는 '그래, 너랑 나랑 살아보자!' 하는 마음이 생겼다고 했다. 하루 종일 서점에서 장사를 하며, 내 나이 만 4살이 될 때까지, 팔 하나 없는 것을 감추려고 포대기에 업어서 키웠다고 한다. 그때까지는 엄마가 세상과 부딪치면서 적응했던 시간인 듯하다. 엄마가 나의 장애를 받아들이는 시간 말이다. 만 4살이 되면서 엄마는 나를 사람들 앞에 더 이상 감추지 않고, 좀 더 강하게 키우기로 결심했다고 한다. 사람들 사이에 나를 항상 있게 하고, 슈퍼마켓에 잔심부름도 혼자 다녀오라고 시키고, 서점에서 책 찾아오는 일을 시키며 한글을 가르치고, 유치원도 당시로서는 이른 시기였던 만 4살 때부터 보냈다고 한다. 그렇게 세상과 내가 대면하는 시간이 시작되었다. 지금도 엄마는 장애 아동을 둔 부모들을 만나면, "엄마가 강해져야 한다. 아이의 자존감을 높여 주고 칭찬을 많이 해 주어야 한다"고 말씀하신다. 이왕이면 아이가 세상과 빨리 부딪치게 하고, 무시당하지 않게 옷이나 신발은 고급으로 입혀 내 보내라고 조언한다. 옷을 고급으로 입히라는 부분에서 나는 폭소를 터뜨리지만, 이러한 엄마의 단순한 육아법 덕분에

난 지금껏 고립되지 않고 사람들 사이에서 살 수 있었던 것 같
다.

지금에서야 이런 이야기를 아무렇지 않게 하지만, 당시에 엄
마는 누구보다도 힘들었을 것이다. 내가 만 2살쯤 되었을 때,
이유 없는 두통으로 여러 병원을 전전하다, 결국 정신과 상담
을 2년이나 받았다는데, 정신과 의사의 결론은 장애아에 대한
심리적 스트레스로 인한 것이라고 했다. 기도원 등을 다니셨다
는 얘기는 들은 적이 있지만, 정신과 치료를 2년 받았다는 이야
기는 며칠 전에야 처음으로 들을 수 있었다. 내가 엄마가 되고
나니, 엄마와 나의 과거에 대한 새로운 이야기가 하나둘씩 더
나온다. 아직까지 새로운 과거 이야기가 있는 것을 보면, 장애
아동을 기르는 일은 참 조심스런 일인 것 같다. 말 한 마디라도
아이가 받아들이고 넘길 수 있을 때, 하나씩 조심스레 얘기해
주시는 것 같다.

나를 기르면서, 가장 속상했던 때는 언제?

장애를 가진 딸을 기르면서, 나의 장애로 인해 가장 속상했
던 때가 언제였냐고 물었더니, 중학교 2학년 때, 내가 전교 1등
을 처음으로 했을 때였다고 한다. 다른 친구와 공동 1등이었는
데, 운동장 조회 시간에 다른 친구만 교단에서 상장을 준 것이
다. 1등이라고 상장을 주고 교단에 세우고 하는 일들이 지금은
유치해 보이고 우스운 일인 것 같은데, 당시에는 꼬박꼬박 그런
행사가 있었다. 엄마는 담임선생님께 전화를 했다고 한다. 우리

아이가 장애인이라서 교단에 세우지 않은 것이냐고 항변했으나, 교장 선생님의 결정이었다는 답변만 돌아왔고, 교장 선생님과의 통화를 요청하자 연결해 줄 수 없다고 하였다. 나중에 듣고 보니 공동 1등한 학생의 엄마는 육성회장으로 학교에도 자주 오고 교장과도 친분이 꽤 있었다고 했다. 장애인이라고 차별한 줄 알고 속상해 했는데, 치맛바람 차이였던 것 같다는 엄마의 말에 웃고 말았다. 딸을 세상에 보란 듯이 키우고 싶고 남들 앞에 인정받게 하고 싶은 엄마의 마음이 전해졌다.

내 걱정을 내려놓은 것은 언제였나?

새 학기가 될 때마다 담임선생님께 장문의 편지를 썼다고 한다. 나를 잘 부탁한다는 편지였는데, 덕분에 학기 초부터 촌지를 주는 엄마가 있더라는 말도 들었다고 했다. 초등학교 때는 생일날이면 반 아이들을 거의 다 초대해서 생일 파티를 크게 해주신 것도 기억난다. 나랑 잘 지내라는 엄마만의 부탁이었을 것이다. 그런 엄마는 언제쯤 내 걱정을 내려놓았을까?

결혼 이후라고 했다. 유학을 보낸 밤에도 펑펑 울었는데, 결혼을 한 후에는 마음이 가벼워지셨다고 한다. 며칠 전에 이런 이야기를 하셨다. "엄마의 중학교 동창생 한 명이 너를 낳은 지 1년쯤 지났을 때 자꾸만 만나자고 연락을 하는 거야. 사람들과 인연 끊고 살고 싶어서 안 나갔는데, 알고 보니 그 친구가 중증 장애아를 낳고 고민이 되어서 나를 만나자고 한 거었어. 네 결혼식에 왔었는데, 정말 부럽다고 하더라. 자기 딸은 시설에서

살았는데, 최근에 장애 정도가 심해져서 또 다른 시설로 옮겼다고 하면서 말이야. 그 친구는 딸이 10살쯤인가 처음 걸었을 때가 가장 행복했다더라. 그런 거 생각하면, 엄마는 참 행복한 사람이지." 결혼하지 말고 엄마 아빠랑 살자고 30여 년을 말씀하셨지만, 막상 내가 결혼을 한 후 나에 대한 걱정을 안 한다는 걸 보면, 결혼하기도 잘했고 아기를 낳기도 잘했다는 생각이 든다. 어느 논문에서 여성 장애인에게 결혼은 사회 통합의 증거가 된다는 구절을 읽고는 그건 아니라고 부인했었는데, 결혼 후에 내 걱정을 안 한다는 엄마의 말을 들으니 그 글이 새삼 생각난다. 자식이 사람들 속에서 남들처럼 살면서 사랑받고 인정받으며 살길 바라는 것이 엄마의 마음인가 보다.

아기와의 외출

마주치는 사람들마다 나의 아기를 보면 대부분 "그놈, 참 잘생겼다"는 인사를 한다. 나의 엄마는 30여 년 전에 주로 걱정과 위로의 말들을 들었을 텐데, 그에 비하면 난 이미 행복한 엄마가 되었다. 30여 년 전 나의 엄마의 경험이 또다시 나의 경험이 될까 봐, 아기가 장애를 갖지 않기를 바라고 또 바랐다. 아기에게 장애가 있기를 바라거나 반길 수 없는 것이 현실임을 인정하면서, 나의 장애를 긍정할 수는 있으나 선택할 수는 없는 나 자신을 발견하기도 한다. 장애도 개성이라는 장애학적 사고관이 출산을 경험하면서 힘없이 무너진 듯하다. 그래도, 이제 거리에서 나의 의수를 뚫어져라 쳐다보는 사람들 대신, 예쁜 아기의 얼굴을 쳐다보는 사람들을 본다. 낯선 시선이 사뭇 좋게 느껴진다. 장애학도로서의 정신이 약간 무장해제 되었는지는 모르겠으나, 엄마의 마음을 알아 가면서 새 세상을 배워 가는 중인 것 같다.

버스, 그 참을 수 없는 존재의 시선들

버스 하면, 영화나 광고 속의 한 장면처럼 버스 안에서 인연을 만나는 모습이나, 일상에서처럼 출퇴근하는 만원 버스가 떠오를지도 모르겠다. 버스에서 자리를 양보하는 모습 또는 자리 쟁탈전을 벌이는 모습, 사람들이 잠자거나 책을 보거나 전화 통화를 하거나 기사와 실랑이를 하는 모습, 추행이나 추태를 부리는 모습 등등이 떠오르기도 한다. 그렇게 버스는 낯선 이들의 동행을 주선하는 매개체로, 목적지에 이르기까지 서로를 관찰할 수 있도록 강요된 장소이다. 그 낯설다는 단어는 때론 신선함으로 다가와 우리를 행복하게도 하지만, 동시에 두려움의 대상이 되기도 한다. 오늘은 그중에 참 피하고 싶었던, 참을 수 없는 낯선 이들의 시선들을 이야기하려 한다.

나에게 버스는 참을 수 없는 타인의 시선들을 감당해야 하는 공간이었다. 왼팔이 없다는 이유 때문에 심지어 버스 안에서 사람들로부터 힘든 시선뿐 아니라 질문 공세를 받기도 한다. "언제 그렇게 되었냐? 어쩌다 그랬느냐?"에서, "아가, 얼굴은 예쁜데 시집은 어떡하냐"는 등 처음 본 사람들이 나의 앞날을 걱정해 주는 일까지 벌어진다. 상상이나 해 보았는가? 낯선 이들이 타인에 대한 무례한 혹은 동정 어린 시선과 말들로 목적지까지 가는 무료한 시간을 때우고 있다는 것을 말이다. 불쾌한 감정을 느끼고 반응하기에 앞서 난 수치심을 먼저 경험하며, 그네들의 질문에 입을 다물 뿐 달리 대응할 겨를도 없다. 하지만 그들은 자기들끼리 결론을 내리고, 안타까워하고, 동시에 온전한 자신의 육체를 주신 신께 감사하는 듯, 스스로를 보다 행복한 사람이라고 위로하는 듯하다. 아무것도 한 것 없이 그네들의 삶에 위로가 된다면야 기쁘지만, 그 대가로 난 상처라는 걸 받고 만다.

가장 충격적이었던 사건은 내가 곶감이 되었던 일이다. 버스에서 모두 앉아 있고, 왼쪽 긴팔 남방을 펄럭이며 나 혼자 서 있었는데, 크게 우는 아이를 달래며 한 아이의 엄마가 "너 계속 울면 저 사람처럼 된다"라며 나를 가리켰다. 아이는 이내 뚝 울음을 그쳤고, 난 호랑이와 곶감 속 이야기의 곶감이 되었다. 나는 또 언제나처럼 상처를 감내해야 했고, 버스 안 사람들은 저마다 나를 쳐다보았고, 이내 조용하고 쾌적한 버스를 누리게 되었다. 다만 조용해진 버스와는 달리, 내 머릿속은 온통 버스라는 공간에서 탈출하고 싶다는 생각으로 매우 시끄러웠고, 마음은 혼란스러웠다.

얼마 전, 〈안녕하세요 하나님〉이라는 드라마를 보았다. 정신

지체 장애 청년이 주인공이었고, 그가 연인과 버스에 있는 장면
이 나왔다. 사람들의 시선이 자신뿐만 아니라 그 동행인 여자에
게도 가는 것이 싫다는 대사가 있었다. "사람들이 너도 이상하
게 쳐다보잖아. 그래도 괜찮아?" 그런 대사로 기억된다. 내 경
험으로도 타인의 시선을 견디기 가장 힘든 공간이 버스였기에,
그 작가가 배경을 제대로 설정했다는 생각이 들었다. 거리에서
의 시선이나 질문 공세 따위는 얼마든지 무시할 수 있는데, 버
스라는 공간은 이를 허락하지 않는다. 버스 안에서의 경험은 참
피하고 싶은 일상이다.

버스와 비슷하게, 나를 너무나 불편하게 만드는 곳은 공중목
욕탕이다. 버스와 마찬가지로, 목욕을 마칠 때까지 낯선 이에
대한 관찰이 강요되는 곳이다. 게다가 발가벗기까지 해야 하는
곳이기에, 장애인에게는 장애로 인한 개인적·심리적 전쟁으로
부터 승리한 후에야(나의 장애를 타인 앞에 당당하게 드러낼 수 있을
때) 찾아갈 수 있는 곳이라 생각한다.

놀라울 수도 있겠지만, 내가 공중목욕탕을 처음 간 것은 만
30살이 된 후의 일이다. 발가벗은 채 사람 사이에 높고 낮음이
드러나지 않는, 개인의 모든 것이 직위 해제되는 이 특유의 장
소에서는 오로지 몸뚱어리 하나만이 사람들의 차이를 드러낸
다. 재미있는 것은 이곳의 이런 특성으로 인해 상당수의 사람들
이 장애인인 나에게 관심을 보인다는 점이다. 때를 밀어 주겠다
거나 목욕비를 할인해 주겠다는 일은 다반사이고, "어쩌다 다
쳤는지," "결혼은 어찌할꼬." 등의 말을 하신다. 무턱대고 목욕

하는 내게 와서 "당당하게 살아," "용기를 잃지 마"라고 말하는 그분들의 마음을 안다. 하지만 번번이 나는 어찌해야 할지 모르겠다. "직장은 다녀?"라는 질문에 그저 "예"라고 하면, "그럼 됐지, 뭐"라고 돌아오는 말 속에서 장애인의 직장 문제, 결혼 문제가 얼마나 큰 문제인지 다시 확인하게 된다. 내 등에 '저는 장애인입니다. 직업 있고요. 당당하게 살고 있습니다'라고 새기고 다닐까 하는 상상을 해 보기도 했다.

장애인에 대해 사회가 가진 고정된 불쌍한 이미지가 존재한다. 그래서 매일의 일상 속에서 장애인으로 살아간다는 것은 이런 낯선 이들로부터 입는 감정적 상처를 감당해 나가는 일이기도 하다. 30여 년간 익숙해진, 다르게 생긴 몸으로 인해 겪는 불편보다 낯선 시선이 내게 입히는 상처들과 그로 인해 치러 내야 하는 심리적 소모전이 내게는 더 크게 감내해야 할 전쟁이요 장애였다.

버스 안에서의 낯선, 많은 이들과의 불편한 만남. 그들이 왜 나를 그렇게 볼까, 왜 그리도 관심이 많을까 생각해 보면, 온정적인 한국인의 정서 때문일 것이다. 타인에게 유난히 관심이 많고, 정말 마음이 안타까워서 어찌할 바를 몰라 쳐다보고 또 이것저것 와서 묻고 그러나 보다.

버스든 지하철이든 목욕탕이든 간에, 낯선 이에 대한 관찰이 강요될 수 있는 장소에서 한국 사회 특유의 온정주의가 장애인에게는 차별이자 심정적 불편과 낙인까지 초래한다면, 이제는 그 온정주의를 참아 주셨으면 좋겠다. 그리고 누군가 나에게

다시 같은 말을 건넨다면, 수치스러워하거나 속상해 하지 않고, 이젠 나도 함께 이야기할 것이다. "예, 당당하게 살고 있습니다. 아주머니도, 언니도, 할머니도 힘내서 사세요"라고 말이다.

장애의 시선으로 본 도시별 버스 이야기

　이번에도 버스 이야기를 해 볼까 한다. 대중교통은 우리네 일상에서 빼 놓을 수 없는 것이다. 매일 한두 번은 이용하게 되는 우리네 발이고, 서울의 동맥이기도 하다. 남산 위에 올라 서울의 야경을 보면 차들의 꼬리마다 붙은 조명등이 그 흐름을 잘 보여 준다. 바쁜 도시의 삶 속에서 버스는 불편하기도 하고 또 고맙기도 한 그런 존재인 것 같다. 한국과 영국, 그리고 미국에서 경험했던 버스에 대해 이야기하고자 한다. 무엇이 좋고 무엇이 불편한지 지극히 개인적인 이야기일지 모르지만 수다 떠는 장애라는 이 책 이름에 어울리는 이야기를 해 보려 한다.

　서울에서 늘 이용하던 버스는 한마디로 롤러코스터였다. 대학생 때 부천에서 살았는데, 베드타운(bedtown)답게 아침저녁이면 콩나물시루처럼 사람들을 가득 실은 버스가 속도전을 벌이곤 했다. 부천에서 신촌까지 가는 버스는 얼마나 빠른지, 소문에 따르면 교통사고를 내고도 모른 채 그냥 달렸다고 한다.

서울을 벗어나 보지 못한 그때는 모든 버스들이 다 곡예를 하고 속도전을 하는 것이라 여겼다. 부천발 서울행 버스뿐만 아니라 서울 시내버스들도 코너를 돌거나 도로가 좀 여유 있을 때면 롤러코스터처럼 달렸다. 버스의 맨 뒷자리에 앉으면, 빨리 달릴 때, 엉덩이가 붕붕 뜨는 그런 경험들은 모두 있을 것이다.

5년여의 외국 유학 후에 돌아온 서울의 버스 상황은 많이 달라져 있었다. 도로 중앙으로 버스가 다니게 되었고, 카드 환승제도 생겼고, 일부 저상버스의 도입도 이루어졌고, 버스 도착 시간을 알려 주는 정류장 서비스도 생겨났다. 그러나 한 가지 변하지 않은 것을 말하자면, 여전히 곡예를 벌이는 버스들이란 점이다. 이런 버스를 휠체어 장애인을 비롯해 다수의 장애인들이 이용하기는 참 어렵다. 서울에서 휠체어 장애인이 버스를 이용하는 것을 본 적이 있는가? 지하철에서는 이들을 종종 본 적이 있을 테지만 버스에서는 거의 없을 것이다(전혀 없을 것이라 쓰고 싶지만, 저상버스를 이용하는 경우가 있을지도 모르니, 거의 없을 것이라고 썼다).

다른 장애인이 아닌 내 이야기를 해 볼까? 다리에 장애가 있는 것도 아니고, 왼팔이 없을 뿐이니, 버스 승차가 사실 어렵지는 않다. 하지만 버스에 오르거나 내릴 때마다, 내 마음은 완전 무장을 해야 한다. '손잡이를 반드시 잡아야 한다, 균형도 반드시 잘 잡아야 한다'고 몇 번이고 긴장을 하게 된다. 버스가 급히 출발할 것이므로, 일단 타기 전에 카드가 아닌 현금을 준비해야 한다. 버스에 올라 카드를 찍고 가방에 그것을 넣으려는

찰나, 손잡이를 잡지 못해 버스에서 나동그라진 경험이 올해만 3번이다. 아주 잠깐 사이인데, 가방에 카드를 넣으려 할 때 버스가 급히 출발하면, 모두가 쳐다보는 버스에서 주저앉거나 넘어지게 된다. 그때마다 들려오는 운전기사님의 한 마디. "거 참, 잘 잡아야지. 손잡이 안 붙드니까 넘어지잖아." 반말은 기본이고, 큰 목소리로 야단을 치고, 난 할 말을 잃는다. 의수를 하고 다니기에 기사님들이 장애인임을 눈치 채기 힘드니, 뭐라 할 말도 없다. 일어나면서 작은 목소리로 "제가 장애가 있어서요"라고 말하면, 그제서야 미안한지 그분도 그냥 아무 말을 하지 않는다.

버스에 오르는 일을 성공적으로 마치면 내릴 때가 또 문제다. 많은 사람이 내리는 정류장은 좀 오래 정차하므로 괜찮은데, 나 혼자 내려야 하거나 맨 마지막에 내리는 상황이 되면, 환승 카드를 찍을 때 또 균형을 잃게 되는 것이다. 그래도 아직 내릴 때 넘어진 적은 없어서 다행이다. 대신에 내릴 때 카드를 찍다가 양쪽 손잡이용 기둥에 몸이 부딪혀 어깨에 멍이 든 적이 있었고, 천천히 균형 잡고 하차하다가 버스 자동문에 끼인 적이 있었다. 이런 연유로 인해, 나는 그냥 현금을 내고 탄다. 돈을 내고 바로 손잡이를 잡을 수 있고, 내릴 때도 환승 카드를 찍을 필요가 없으니 말이다. 다음 승차 시 현금으로 돈을 더 내더라도 안전하게 타고 내리는 것이 내겐 더 중요하기 때문이다.

미국의 버스는 어땠는가? 되돌아보면, 시카고에서 늘 타던 버스는 일단 지저분한 인상이 가장 크다. 하지만 장애인들이 이용

하기에는 서울의 깨끗한 버스보다 편리하다. 거의 저상버스이며, 휠체어나 전동 스쿠터가 탑승할 수 있는 발판이 나오고, 다른 이들은 모두가 기다려 준다. 장애인이 제일 먼저 탑승하게 되고, 차내에도 스쿠터나 휠체어를 고정하는 공간이 마련되어 있다. 그리고 천천히 출발한다는 점이 우리네와 다르다. 장애인이 타지 않더라도, 기본적으로 곡예 수준의 운전을 하지 않는다. 시카고의 특성상 도로 전체가 바둑판처럼 짜여 있어 버스는 무조건 직진만 하기에 안전 운전을 하는 것으로 느껴지는지도 모르겠다. 서울에는 배차 시간을 지키면서 하루에 몇 바퀴를 돌아야 하는 규정 때문인가 하는 생각도 해 보았다. 아니면 기사님들의 급한 성격 때문일까? 이유는 모르겠지만, 장애인 이용객 입장에서, 서울의 버스는 시카고의 버스에 비해 깨끗하다는 장점 외에 좋은 점은 없는 듯하다.

영국의 버스는 어땠나? 영국하면 빨간 이층 버스가 떠오를 것이다. 그 이층이 문제이다. 이층에 오르거나 내리는 것은 장애인과 비장애인 모두에게 위험했다. 오랜 역사를 가진 런던은 옛날에 마차가 다녔던 길을 사용하고 있기에, 버스는 꼬불꼬불한 길을 달리게 된다. 그 안에서 이층을 오르내리는 것은 참 위험하다. 비장애인 친구들도 이층 버스에서 내려올 때, 버스가 코너를 돌기라도 하면, 소리를 쳤다. "야, 꽉 잡아." 결국 난 유학 기간 내내 가능하면 일층에만 탔다. 영국의 예쁜 이층 버스는 그냥 예쁠 뿐, 심각한 안전 문제를 갖고 있다. 공간도 좁아서, 거기에 전동 스쿠터를 갖고 타는 것은 참 힘든 일이다. 도로 사정상 버스를 좁게 만들었을 것이고, 그렇기에 이층으로 만들지 않았을까 이해하려고 노력도 해 보았지만, 장애인 입장에서 시카고, 서울, 런던의 버스를 비교하자면, 런던의 디자인이 좋은 빨간 버스에 최하점을 주고 싶다.

독일 하이델베르크에 사는 선배의 집을 방문한 적이 있었다. 그때 또 다른 버스의 세계에 눈을 떴다. 넓고 깨끗하고, 장애인이 타기 쉽게 잘 만들어진데다가, 특이했던 것은 버스의 의자 사이즈가 달랐다는 점이다. 사람들마다 체격이 다른 것을 배려하여 1인석인데도 매우 크게 만든 자리도 있었고, 좀 작게 만든 자리도 있었다. 똑같은 규격의 학교 책걸상에서 하루 10시간 이상을 보낸 한국 사람들이라면, 각자의 몸의 차이가 반영된 그 버스의 의자가 왜 필요한지 금방 이해할 것이다. 몸의 차이를 반영한 버스, 참 새로웠다.

미국, 영국, 독일의 버스들이 각각 다르나, 한 가지 공통점은 있다. 급하게 출발하거나 정차하지 않는다는 점이다. 서울의 버스도 좀 천천히 출발하고 정차했으면 한다. 사람들이 자리에 앉거나 손잡이를 모두 잡은 것을 확인하고, 또는 안전하게 하차한 것을 확인하고 출발했으면 좋겠다. 환승 카드를 찍고 막 내리려고 하는 순간에 문을 닫으며 출발하려는 한국의 너무나 빠른 버스가 너무나 불편하다. 미국의 버스로부터 배울 점은 장애인이 타고 내리는 긴 시간을 기다려 주는 그 마음과 태도이다. 기사와 승객들이 불평하지 않고 기다리고 배려하는 모습 덕분에 그 지저분한 버스들이 빛나 보였다. 물론 서울에서는 천천히 가고 기다려 주고 하면 또 다른 불만도 나올 것이다. 왜 이렇게 느리냐고 말이다. 그렇지만 더불어 가는 서울을 만들고자 한다면, 기사님도 승객들도 버스 구조와 운영 체계도 조금씩 양보하는 방식으로 바뀌어야 할 것이다. 독일에서 탔던 버스는 사람 몸의 크기도 다르다는 것을 배려하고 있지 않은가? 배려하는 사회 시스템, 그 첫걸음이 우리네 발이자 동맥인 버스에서부터 시작했으면 좋겠다.

지하철, 환승역을 고발합니다

 시민의 발, 어느새 일상이 되어 버린 지하철에 대한 이야기를 하려고 한다. 거미줄처럼 도시의 지하를 흐르는 서울의 철길 덕분에 우리네 삶은 참 편해졌다. 런던이나 시카고의 지하철에 비하여 훨씬 깨끗하고 넓고 쾌적하다. 게다가 서울 대부분의 지역으로 이동할 수 있다는 점까지 고려하면, 서울의 지하철은 자랑스럽기까지 하다. 하지만 장애인이나 유모차 이용자, 거동이 불편한 노인들의 시선에서 재평가해 보면, 아직도 서울의 지하철은 개선되어야 할 부분이 너무나 많다. 특히 복잡한 환승역에서 이동의 어려움을 가진 사람들은 정말 멍해진다. 복잡해서가 아니라, 환승이 힘든 상황에 직면하기에 그렇다.

 신도림역, 엘리베이터가 없다!
 아기를 유모차에 태우고 지하철을 이용해 본 사람들은 필자가 무슨 이야기를 하려는지 이미 이해했을지도 모른다. 신도림

역은 서울의 지하철 역 중에서 가장 복잡한 환승역 중 하나이다. 1호선과 2호선이 교차하는 곳이기에 다른 환승역에 비해 낡았고, 시설 설치에 어려움이 있으리라고 미루어 짐작해 보지만, 이용객이 많은 만큼, 모든 시민이 이용하기 편리하도록 최대한 접근성이 보장되어야 하는 역이기도 하다. 그런데 이 신도림 환승역에 엘리베이터가 없다. 계단은 상대적으로 많고 가파르다. 이러한 이동의 장벽을 만날 때면, 외출은 즐거움이 아닌, 고생과 한숨의 연속으로 전락해 버리고 만다. "왜 나왔을까," "왜 지하철을 탔을까." 스스로를 자책하고, 하루 일정은 늦어지고, 이미 몸과 마음은 지칠 대로 지쳐 버린다.

얼마 전 아기를 유모차에 태우고 1호선 개봉역에서 6호선 응암역까지 이동할 일이 있었다. 문제는 두 번이나 환승을 해야 한다는 것이었다. 신도림역에서 2호선으로 환승하고, 다시 합정역에서 6호선으로 환승해야 했다. 휠체어를 이용하는 친구들과 지하철로 이동할 때 어려움이 있었음을 떠올리면서, 우선 서울 다산콜센터에 전화해서 환승할 때 이용 가능한 엘리베이터가 설치되어 있는지를 확인했다. "신도림역에서는 엘리베이터 이용이 불가능하시고요. 확인해 보겠습니다. 다른 노선을요"라는 답변이 돌아왔다. 잠시 실망했다. 그리고 "신길역에 가서 5호선으로 갈아타시고 공덕역에 가서서 6호선으로 갈아타세요. 돌아가시더라도, 그게 나을 것 같습니다"라는 답을 들었을 때, 희망이 있었다. 돌아가는 게 별건가 했다. 그런데, "아, 고객님 죄송합니다. 신길역에도 엘리베이터가 없네요. 공익 요원을 요청하셔서, 아기는 어머님이 안으시고 유모차는 공익 요원의 도움으로 이동하세요"라는 답이 돌아왔다. 다시 실망했다. 도대체 몇 년 전부터 장애인이나 유모차 사용자 등을 위해 시설 개선 사업을 한다는 공고가 여기저기 붙어 있었는가를 떠올려 보았다. 몇 년 전이나 지금이나 달라진 것이 없는 것 같다. 어떻게든 부딪쳐 보든지, 아니면 그냥 택시를 타는 차선책을 택해야 했다. 물론 택시도 한적한 곳에서 세워야 할 것이고, 유모차를 접어서 트렁크에 실어 주는 착한 기사님을 만나야 하는, 운이 따라 주어야 하는 방법이긴 했다. 이러저러한 생각 끝에 그냥 지하철로 가 보기로 마음먹었다. 어차피 공익 요원의 도움을 받아야 한다면, 돌아가지 않고 짧은 노선으로 가 보자고 마음먹었다. 그렇게 그날의 지하철 여행은 고행으로 다가왔다.

공익 요원이 엘리베이터를 대신하다

신도림역에서 도움을 준 공익 요원은 참 친절했고, 유모차 나르는 일이 몸에 배어 있는 듯했다. 유모차에서 잠든 아기를 실은 채로, 혼자 번쩍 들어 올려 가파른 수많은 계단을 순식간에 이동시켜 주었다. 사실, 우리 말고도 휠체어 장애인 한 명과, 또 다른 유모차 이용자가 있었다. 그 공익 요원 혼자서 차례차례 한 팀씩 3팀의 이동을 도와주었다. 휠체어 장애인과 동행한 남자 분께서 유모차 나르는 일을 돕겠다고 하자, 공익 요원은 "둘이 하면 균형이 깨져서 더 힘들어요. 많이 해 봐서 혼자 하는 게 나아요"라고 답했다. 부족한 시스템을 사람의 힘으로 대체하고

있는 현장이었다. 복잡한 신도림역에 배치된 공익 요원이 다른 역의 요원에 비해 힘들겠다는 생각도 들었고, 잠든 아이를 실은 채 유모차를 나르는 헌신적인 모습에 고맙기도 했다. 여러 모로 기술도 발전하고 살기 좋아진 세상이라는데, 아직까지도 이렇게 인력으로 시설 설비의 부족함을 대체하고 있는 상황이 이해가 안 되기도 했고, 그럼에도 공익 요원이라도 있어서 고맙기도 했고, 동시에 불편하기도 했다. 이동할 수 있는 권리를 타인의 도움으로 보장 받을 때 느끼는 기분은 당연하고 편한 것이 아닌, 고맙고 불편한 기분이었다. 아마 활동보조인이나 자원봉사자의 손길이 필요한 장애인들은 이러한 기분을 매순간 느끼지 않겠는가 하는 생각도 들었다. 어쨌든 그런 불편한 고마움 속에서, 지하철 여행길은 고행이 아닌 동행으로 느껴지기도 했다.

연결 통로는 미로 찾기, 환승하는 데 1시간이 걸리다

신도림역처럼 엘리베이터가 없는 곳도 문제지만, 환승하는 길이 복잡하고 엘리베이터가 숨어 있거나 군데군데 3개에서 5개의 계단을 마주칠 때, 상황은 또한 난감해진다. 짧은 계단이 있는 곳에는 경사로만 설치해도 좋으련만, 이 경사로가 없는 곳도 많은 것이다. 부평역을 예로 들면, 서울 지하철 1호선에서 인천 지하철로 환승하고자 할 때, 엘리베이터와 숨바꼭질을 해야 한다. 지하철에서 내려 간신히 구석에 자리한 엘리베이터를 찾아서 개찰구로 나갔더니 더 이상 연결되는 곳이 없었고, 엘리베이터로 다시 돌아와 직원과의 통화 요청 버튼을 누르자 아무도 답하지 않았다. 여러 번 오르락내리락 하다가 공익 근무 요원을 만날 수 있었고, 부평역사의 롯데마트로 들어가서 마트 안에 있는 엘리베이터를 이용하여 인천 지하철로 갈 수 있다는 이야기를 들었다. "이 역은 장애인이나 유모차가 오지 못하는 역이에요"라고 읊조리던 그 말을 그때만 해도 대수롭지 않게 여겼다. 처음 오는 사람에겐 어디든 숨바꼭질일 수밖에 없는 상황이란 것을 알기 때문이었다. 하지만, 마트 엘리베이터를 찾아가서 인천 지하철로 연결되는 길을 찾은 후 또 다른 문제를 만났다. 부평역은 지하상가가 대규모로 발달되어 있었고, 동대문의 상가보다 복잡하게 느껴지는 지하 상점들을 통과해야 했다. 그러고 나서 펼쳐진 인천 지하철에는 플랫폼까지 연결되는 엘리베이터가 없었다. 역사에 근무하시는 분들이 엘리베이터가 있다고 "여기로 가 보세요.", "저기로 가 보세요." 하면서 길을 알려주었고, 모두 시도해 본 끝에, 엘리베이터가 없음을 확인하고 다시 지하철 사무소를 찾아가 동행을 요청했다. 동행한 직원도 이상하다면서, '엘리베이터가 있는데'라고 말하며 인도해 주었고, 막상 가 보니 15-20개 정도의 계단 아래에 엘리베이터가 있었다. 미로 찾기 끝에 이런 상황을 만났고, 결국 동행해 주신 분이 유모차를 들어서 옮겨 주셨다. 나도 미안해 했고, 그분도 미안해 했다. 미로 찾기 끝에 환승하는 데 한 시간이 걸렸다.

출산 준비는 자가용과 운전면허증에서 시작해야 하나?

어렵사리 올라탄 지하철의 문 위에는 출산 장려 캠페인 스티커가 붙어 있었다. "가가호호 아이둘셋, 하하호호 희망한국"이라는 표어였다. 정부가 출산과 양육을 적극적으로 돕겠다는 메시지의 말들도 적혀 있었다. '아이 한 명과 외출할 때에도 이렇게 어려운데, 만약에 아이가 두 명이라면, 대중교통 나들이는 더욱 힘들겠구나!' 하는 생각이 문득 들었고, 출산 장려 스티커의 문구를 보고 그냥 쓴웃음이 나왔다. 출산 준비는 운전면허증과 함께 하는 것이라는 조언도 떠올랐다. 아무래도 한국의 대중교통은 "비장애인 성인"만 대중으로 간주하는가 보다.

우리 모두는 아기였고, 언젠가 노인이 되고, 또 장애인이 되기도 한다. 왜 이 간단한 사실을 잊고 살아갈까? 아기와 노인, 장애인을 고려한 시설 설비를 갖추는 것은 복지사회로 한 걸음 다가서는 것이고, 인권 보장의 시작이다. 전보다 리프트나 엘리베이터 설치 비율은 높아졌을지 모르나, 100% 이동의 편리를 보장해 주지 않는다. 90%가 설치된다고 해도 10%가 부족하면 이동은 여전히 어렵다. 표를 파는 층까지 엘리베이터가 있어도 플랫폼까지 연결되는 엘리베이터가 없으면, 상황은 똑같은 것이다. 또는 엘리베이터가 있어도 한참 돌아가야 하는 상황이 벌어지기도 하는데, 한 할머니는 "다리 아픈 우리들 좋으라고 만들어 놓은 것인지 알 수가 없어. 계단으로 가는 사람들보다 우리가 더 걸어야 한다니까"라고 하셨다. 앞으로는 대중교통 말고, "모든 대중을 위한 교통"으로 환승역이 개선되길 바란다. 노인, 장애인, 유아의 이동의 자유가 대중교통을 통해 실현되길 바란다.

무늬만 장애인 전용 좌석

작년 이맘때였다. 문서 작성을 급하게 해야 하는 상황이라 구립 도서관을 찾아갔다. 이미 많은 사람들이 대기 명단에 있었고, 일반 컴퓨터를 사용할 수 있는 좌석은 꽉 찬 상태여서, 두 시간은 족히 기다려야 하는 상황이었다. 여기저기 둘러보던 차에 장애인 전용 좌석이 눈에 들어왔다. 책상도 넓었고, 프린터기도 연결되어 있어서 '앗. 저거다' 싶은 마음에 장애인 복지 카드를 직원에게 보여 주고 장애인 전용 좌석을 이용할 수 있게되었다. 다른 이용자를 위해 두 시간까지만 이용할 수 있다고했다. 그 정도면 충분했다. 컴퓨터를 이용하고자 한참을 기다려야 하는 다른 사람들에게 살짝 미안한 마음도 들었고, 한편으로는 '장애인 전용 좌석이니까 여기는 내 자리야. 이건 특혜가 아니야. 마음을 쓰지 않아도 돼.' 하는 묘한 권리 의식이랄까 자기합리화랄까 그런 복잡 미묘한 기분으로 컴퓨터를 차지하게되었다.

123

그런데 컴퓨터를 켜자마자 바로 황당한 상황으로 치닫고 말았다. 프로그램이 깔려 있지 않고, 컴퓨터만 그냥 있었던 것이다. 한글 작업도 워드 작업도 할 수 없었고, 느린 인터넷 서비스만이 가능했다. 문서 작업을 할 수 있는 기본 프로그램들이 전혀 설치되어 있지 않았다. 눈을 돌려 다른 좌석의 컴퓨터 화면을 쳐다보니, 비장애인 좌석의 사람들은 문서 작업도 하고, 이용에 별 무리가 없는 것 같았다. 다시 직원에게 가서, 이 컴퓨터는 왜 인터넷만 되느냐고 문의하자, 이용 장애인이 없어서 그냥 인터넷만 연결해 놓았다는 답변이 돌아왔다. 덧붙여서 합법적인 프로그램을 깔려면 비용도 많이 들어간다고 했다. 이런 무늬만 있는 장애인 전용 좌석이 어디 있느냐고 반문했지만, 안내 데스크의 직원은 당장 해결할 수 없다고, 담당 직원에게 물어야 한다고만 답할 뿐이었다. 언제쯤 장애인 좌석의 컴퓨터에도 다른 컴퓨터와 동일한 프로그램을 깔아 줄 수 있느냐고 물었더니, 모른다고 하면서 시일이 좀 걸린다고만 했다. 이런 실랑이를 하느라 30분이 흘러갔고, 나는 민원을 제기해야겠다는 마음에 관리실 아저씨의 도움을 받아 엽서 형태로 불편 사항을 접수하는 상자를 찾아냈다. 복도 한 구석에 있는 투명한 플라스틱으로 된 민원 제기함은 텅 비어 있었다. 화난 감정을 누르고 고쳐 쓰기를 몇 번이나 다시 하면서, 장애인 좌석의 컴퓨터에 문서 작성 프로그램을 설치해 달라고 요청했다. 그리고 집으로 돌아왔는데, 도서관의 컴퓨터에 USB를 꽂아 둔 채 온 것을 떠올렸다. 흥분하고 화가 나서 직원에게 따지기도 했지만, 민원

으로 인해 직원이 징계를 받을까 염려되어 최대한 감정을 삭이며 예의 있게 민원 엽서까지 쓰느라 내 물건을 챙기지 못한 것이었다. 다시 도서관으로 향했다. 장애인 좌석은 비어 있었고, 내 물건은 다행히 그 자리에 그대로 있었다. 정말 장애인 좌석은 아무도 이용하지 않는, 항상 비어 있는 좌석인가 보다. 그렇게 두 번이나 도서관에 다녀오고 나니, 하루가 갔다. 원하는 일도 마치지 못했고, 무늬뿐인 장애인 복지 현실을 경험한 까닭에 저녁이 다 되도록 속상한 마음이 풀리지 않았다. 이튿날 오전이었다. 도서관 담당 직원이 민원 엽서를 보고 전화를 걸어 왔다. "죄송합니다. 장애인 좌석의 컴퓨터까지 프로그램을 설치하자니, 비용 때문에요. 활용도 면에서 떨어져서 설치를 못했습니다. 이용자님께서 자주 오셔서 사용하시겠다고 하면, 설치를 하겠습니다"라는 게 답변이었다. 내가 이용을 자주 안 한다고 하면, 설치를 안 하겠다는 건가? "제 답변과는 상관없이 장애인 좌석의 컴퓨터에도 당연히 기본적인 프로그램은 설치해야 하는 것 아닌가요? 어쨌든 제가 자주 갈 테니 꼭 설치해 주세요"라고 말했고, 언제쯤 설치가 되는지 물었더니, 한 달이 걸린다고 했다. 기가 막혔다. 프로그램 하나 설치하는데, 무슨 한 달이 걸린다는 말인가. "한 달 뒤, 꼭 자주 오셔야 합니다"라는 것이 직원의 마지막 인사였다.

매우 일상적인 생활이 장애인들에겐 꿈같이 느껴질 때가 있다. 거리를 거닐다 분위기가 좋은 찻집에도 가고, 서점이나 도서관에도 가고, 은행, 우체국 같은 곳이나 병원을 이용하는 일

등이 장애인들에겐 호사스런 특별한 일이 되는 것이 장애인의 현실이기 때문이다. 일상을 누리기 위해서는 넘어야만 하는 불편이 도처에 복병처럼 숨어 있다. 인생은 누구도 예측할 수 없는 사건들로 구성된다고 하지만, 장애인들에게는 긴 인생 여정은 물론이거니와 하루하루가 그 예측 불허의 상황들로 가득 차 있다. 장애인 복지관 프로그램들을 보면, 지역사회 탐방이나 여행 프로젝트가 종종 눈에 띈다. 외출과 같은 일상의 경험이, 일하고, 학교에 가고, 밥 먹고, 잠자고 하는 평범한 일들이, 왜 장애인들에게는 복지관 행사 프로그램에 들어갈 만큼이나 특별한 일이 되어야 하는가?

장애 관련 이론 중에 "정상화 이론"이라는 것이 있다. 장애인을 신체적·정신적으로 정상화시켜야 한다고 주장하는 것이 아니라, 장애인은 정상이며, 이들에게 지역사회에서의 생활과 일상의 생활 리듬, 인생의 다양한 경험들을 회복시켜 주어야 한다고, 그것이 사회의 몫이라고 주장하는 이론이다. 현재의 다양한 지역 사회복지 프로그램들도 이러한 정상화 이론에 근거해 있다. 장애인 자립 생활을 위한 활동 보조 서비스나 공동생활 가정, 지역사회 내 건축물들의 접근성 개선 노력이나 장애인을 위한 대중교통의 변화 등이 모두 정상화 이론에 근거하여 장애인과 비장애인이 더불어 살 수 있도록 사회가 변화하고 있음을 보여 준다. 이러한 변화를 두고 어르신들은 "세상 참 좋아졌다"고도 하고, 장애인들도 "예전에 비하면 인식도 좋아지고 살 만해졌다"고 말한다. 그러나 정말 그런가? 과거에 비하여 나아졌

을 뿐, 장애인의 사회참여가 실질적으로 얼마나 보장되고 있는지는 의문이다.

　장애인 정책은 이제 진정한 실효성을 갖춘 실천으로 재점검되어야 할 것이다. 무늬만 있는 장애인 서비스는 앞에 나온 사례뿐만 아니라 다른 영역에서도 볼 수 있다. 장애인 화장실이 청소 도구함으로 쓰이는 일은 다반사이며, 장애인 전용 엘리베이터가 있으나 사용률이 낮다고 전원을 꺼 놓거나(필자가 월드컵 경기장 역에서 경험한 적이 있다), 고장이라는 공고문이 붙은 엘리베이터도 많다. 건물이나 도로의 일부에만 점자블록을 설치하여 실제로 시각장애인이 이용하기에는 불편한 곳도 많고, 심지어 디자인 서울이라는 명분 아래 점자블록을 회색으로 처리하여 약시인 시각장애인들에게는 오히려 위험한 환경을 만들기도 한다. 무늬만으로는 어떤 실효성도 거둘 수 없는 것이다.

　하지만, 그럼에도 불구하고, 동시에 희망적이긴 하다. 미숙하지만 장애인의 사회 통합을 위해 다양한 시도를 하고 있다는 점에서 기대를 해 본다. 무늬만 있는 장애인 복지에 대해, 사용 빈도가 낮아서 항상 점검하지 못하거나 투자를 못하겠다면, 이렇게 해 보는 것은 어떨까? 장애인 전용석을 장애인 우선석으로 만들어 장애인과 비장애인이 함께 사용하고, 장애인이 오면 자리를 내주는 방식으로 하면 활용도가 높아질 것이다. 마찬가지로, 장애인 전용 화장실이 아닌 가족 화장실의 개념으로 넓은 공간의 화장실을 만들어서, 노인이나 비만인, 임산부나 영유아를 데리고 있는 사람들이 함께 쓰도록 하는 방법도 있다. '장애인 전용'을 없애면 장애인이 이용할 수 있는 것이 아예 없어지는 것은 아닌가 하는 의문이 들기도 하지만, 그것은 시민의식과 교육의 몫일 것이다. 아주 조심스런 제안이지만, 한 번쯤 생각해 볼 문제이다.

대부분의 장애인 관련 서비스가 무늬뿐이라면, 장애인들은 절망하거나 체념할 수밖에 없다. 그렇지 않으면, 될 때까지 투쟁하며 까칠한 하루하루를 살아갈 수밖에 없다. 그럼에도 방법은 하나뿐이다. 허탕 치는 하루하루, 까칠해지는 경험뿐일지언정, 장애인들이 자꾸 밖으로 나와서 돌아다니고 문제 제기도 해야 한다. 장애인 복지를 흉내 내는 무늬뿐인 상황을 바꿀 수 있는 것은 다름 아닌 장애인 당사자이기 때문이다. 성숙한 시민의식과 정부의 노력 그리고 장애인 당사자의 권리 의식만이 변화를 가능케 할 것이다. 장애인들에게 일상은 더 이상 꿈이어서는 안 된다. 장애인의 외출이 따분한 하루의 일과가 되는 날도 곧 오지 않을까 기대해 본다.

장애의 경제학

아침이면 나의 팔은 옷장에서 나온다. 한밤중에 어두운 곳에서 팔 하나가 눈에 띄는 일은 유쾌하지 않은 일이기에, 언젠가부터 내 팔은 집에 오는 즉시 옷장 속으로 들어갔다. 그렇게 하루를 자고 나면 그 고무로 된 팔 하나는 다시 옷장에서 나와서 나의 왼팔이 된다.

며칠 전이었다. 임신 4개월이 되고 몸이 붓기 시작하면서 의수가 도통 내 몸에 맞지를 않는 것이었다. 뭉툭한 왼팔이 부어오르고, 이를 배려할 턱이 없는 의수는 한참을 강제로 밀어 넣어야 팔의 역할을 할 수 있게 되었다. 의수를 팔에서 뺄 때면 눌려 있던 살들은 빨갛게 변해 있다. 다행히도 여름이 아닌지라 짓무르지 않는 것이 그저 고마울 뿐이다.

이런 나의 몸의 변화 덕분에 지금은 의수를 새로 마련해야 하나 하는 고민이 생겼다. 몸은 앞으로 어느 정도까지 부을까? 외부 출입을 최소화하는 것도 방법이고, 의수 없이 밖에 나가는 것도 또 다른 방법이고, 새로 맞추는 것도 대안이 될 수 있는데, 이 세 가지 방법 모두가 마음에 쏙 들지는 않는다. 외부 출입을 안 할 수는 없고, 고등학교 때까지 의수 없이 다니면서 받아 온 사람들의 시선을 다시 받고 싶지도 않고(의수는 나에게 화장을 하거나 하이힐을 신는 것과 마찬가지인지라, 가능하면 착용하고 나가고 싶다), 새로 장만하자니 임신 기간 동안만 쓰기 위해 구입하기에는 너무나 비싼 보장구 가격이 마음에 걸린다. 어떤 선택을 할지는 좀 더 지내 봐야 할 것 같다.

장애인 보장구는 장애인 당사자가 아니고서는 경험하지 못하는 새로운 소비의 영역이다. 게다가 가격은 놀랄 만큼 비싸기도 하다. 어느 책에서 '장애인이 봉이냐! 우리는 재활공학 시장의 봉이 되고 있다!'는 장애인들의 비판의 소리도 들을 수 있었다. 팔꿈치 이하 부분부터 의수를 제작하면 현재 400만 원에서 500만 원의 비용이 들 것으로 예상된다. 물론 내가 사용할 수 있는 품목으로는 100만 원 이하의 저렴한 의수부터 1700만 원 이상의 가격대인 움직이는 손까지 다양한 의수들이 있다. 그중에서 쓸 만한 의수를 제작한다면 적어도 400만 원 이상이 들어간다. 다른 이들에게는 태어날 때부터 공짜로 주어지는데, 나에겐 미용의 역할을 할 뿐인 마네킹과 같은 팔을 위해 이런 비용을 치러야 하니, 단순히 장애의 문제를 심리적·사회적으로만 생각해 보기엔 경제적인 측면을 무시할 수 없다. 특히 자라나는 아이들의 경우, 신체 변화가 꾸준히 일어나는데, 이에 따라 보장구를 지속적으로 교체한다면 그 비용은 상당하리라 본다.

사람들에게 이런 이야기를 하면, 정부 지원 같은 것이 있지 않느냐는 질문을 받는다. 물론 있다. 장애인 복지론 책마다 나와 있고, 장애인 복지 시책마다 언급하고 있다. 보장구 비용에 대하여 건강보험 대상자들은 80%의 비용을 지원받는다고 말이다. 의료 급여 대상자는 무려 무료이거나 15%의 비용만 지불한다고 한다. 나도 이 문구를 보고서 매우 감격스러워했던 적이 있었다. 대한민국이 정말 장애인 복지에서 앞서가는 나라가 되는 것은 아닌가 하는 착각을 하기도 했다. 그러나 그 감격은 잠시였다. 문제는 구체적인 지급 기준에 있었다. 기준은 품목별 최저가에 있다. 예를 들어 의수의 종류가 50만 원부터 1700만 원까지라면, 어떤 가격대의 의수를 구입하든지 50만 원의 80%를 지원한다. 따라서 실 지원액은 40만 원이 된다. 400만 원의 의수를 구입한다면, 360만 원은 장애인 본인 부담금이 되는 셈이다. 80%라는 단단한 보장 비율이 실제로는 금액상 부분적인 수준에 지나지 않는 것이 현실이다. 장애인 복지정책을 공부하는 나로서는 참으로 잠깐 감격했고, 현실을 알고 난 뒤 길게 실망했다.

처음으로 의수를 했던 20살 때에는 이런 제도도 없었고, 장애인에서 탈출하여 소머즈 같은 특별한 존재가 된다는 기분으로 최고가의 움직이는 의수를 샀던 기억이 난다. 철없던 그때는 중형차 한 대 비용으로, 무거워서 한 달밖에 쓰지 못했던, 움직이는 의수를 하고야 말았던 것이다. 장애아를 둔 부모들은 그 비용 부담이 크다고 하더라도, 일종의 한풀이라고나 할까, 자식에게 필요한 것이라면 다 해 주시는 모양이다. 서민 가정에서 보장구 비용은 큰 부담이 되고 있는데, 가족과 당사자의 몫으로 당연시되는 현실은 언제쯤 바뀔지 궁금하다. 특히 지속적으로 보장구의 교체가 필요한 성장기의 아이들, 병원에 지속적으로 다니면서 치료비를 감당해야 하는 진행성이 있는 장애를 가진 분들, 내부 장기에 장애가 있거나 수술을 필요로 하는 등의 장애인이라면, 훨씬 더 많은 비용이 들어갈 것이다.

장애인의 소비 지출은 그렇다면 보장구 영역뿐일까? 대개 장애인이 살아가는 데는 의료비와 특수교육비, 보장구나 장애인을 위해 특수 제작된 물품 비용이 더 들어간다. 하지만, 그 외 삶의 전 영역에 걸쳐 장애인들은 더 많은 비용을 감당할 수밖에 없다. 특히 비장애인과 동등한 사회활동을 하고 동등한 삶의 질을 누리려면 더욱 그러하다. 의복비, 주거비, 교통비 외에도, 친구를 만나거나 학교에 가거나 회사에 일을 다닐 때, 삶의 소소한 일상들 속에서 추가 비용을 지불하고 있다. 나의 경우, 어린 시절 여름에는 긴팔 옷이 없어서, 늘 같은 옷을 두 벌 사서 한 벌은 잘라 팔을 만들어 붙였다고 한다. 휠체어를 타는 친구들은 입기 편하게 옷을 수선하여 입는다. 수요가 많지 않은 옷이기에, 장애인용으로 제작되는 옷들은 종류가 다양하지 않다. 개인별 장애의 특성이 고려된 옷이 대량 생산될 수 없는 것은 자연스런 일일 것이다. 그렇기에 일반 옷들에 비해 가격 면에서 훨씬 비싸다.

장애인들은 주거 영역에서도 비장애인 위주의 구조인 집을

개조하는 데 추가적으로 비용을 부담하게 된다. 불편을 감수하고 산다면 모르지만, 화장실을 개조하고 문턱을 없애는 데 돈이 들어가고, 또 엘리베이터나 시설 면에서 편리한 주거를 찾다보니 기본 주거비용도 올라간다.

장애인 교통비용도 마찬가지이다. 콜택시도 있고 지하철 무료 탑승도 되지만, 상대적으로 거동이 불편한 장애인들은 비장애인에 비하여 더 많은 비용을 이동 비용으로 쓴다. 단순히 금전적 비용만 계산해도 비장애인에 비해 추가 비용이 많으며, 비장애인 위주의 교통수단과 환경 속에서, 실제로 장애인들이 이동하는 데에는 시간적인 소모비용, 심리적인 소모비용까지 만만치 않다고 생각한다. 이동할 곳을 예측하고, 교통수단을 선택하고, 콜택시라면 예약도 해야 하고, 활동보조원도 시간 맞추어 와 주어야 하고, 지하철을 선택한다면 상당한 환승 시간까지 계산해야 한다. 도착지가 또한 장애인이 접근 가능한 곳인지도 살펴야 하며, 미로 같은 길 찾기의 상황에도 익숙해져야 한다. 게다가 이 모든 과정 중에 한두 가지가 틀어지거나 예상외의 돌발 상황이 벌어진다면, 장애인들이 이동하는 데 치러야 하는 시간적, 심리적 비용도 커진다. 장애인들이 살아가면서 경제적인 차원에서 더 많은 비용을 치르는 일은 무엇보다도 사람을 만나는 소소한 일상을 보장받는 일이다. 인간관계 비용이라고 할까? 사람이 사람들 사이에서 살아갈 때 인간이라는 참된 의미를 찾을 수 있을 것이다. 그런데 이를 위해서 우리 장애인들은 금전적으로 더 많은 비용을 지불해야 하는 상황이다. 접근성이 보장되는 장소를 찾다 보니 비용이 올라가고, 이동에도 더 많은 돈을 지불한다. 장애인 후배와 만났을 때, 농담처럼, "우리 가끔씩만 보자"고 말했었다.

장애인들은 재활이나 특수교육뿐만 아니라, 비장애인과 동등한 삶의 질을 누리기 위해 삶의 전 영역에 걸쳐서 추가 비용을 지불하고 있다. 의료적 영역인 보장구에 대한 정책적 지원이 있으나 실질적 도움이 크지 않고, 그 외 장애인들이 부담하는 전 영역의 추가 비용에 대한 고려는 전혀 이루어지지 않고 있다. 장애인은 의료적 어려움만을 가진 재활의 대상이 아니라 더불어 살아가는 사회의 동등한 주체이다. 그렇다면, 장애인 정책에서 앞으로 고민해야 할 부분은 무엇일까? 그 답은 이미 나와 있다. 실천만 남은 것이다.

깁스를 한다는 건…

폭염이 지속되고 있다. 이런 날씨에 의수와 같은 보장구를 착용하는 일은 참 고역이다. 플라스틱으로 된 의수를 왼팔 팔꿈치 뼈에 거는 방식으로 착용하고 있기에, 팔꿈치 이하 5센티미터 정도 되는 왼팔 끝 부분은 플라스틱 의수 안으로 들어간다. 마치 깁스를 한 것처럼 팔을 감싸게 되는 것이다. 그런데, 문제는 의수의 소재가 플라스틱류의 재질이어서, 땀이 나고 피부가 빨갛게 부풀어 오르기도 하고, 심하면 피부가 까지기도 한다.

비장애인에게 깁스는 장애 체험?

깁스를 해 본 사람이라면, 아마도 이런 상황에 공감할 수 있을 것이다. 의수를 하는 것과 깁스를 하는 것은 비교적 유사한 경험이기 때문이다. 부자유에서 오는 불편함과 더불어 덥고 습한 여름에는 심한 갑갑함과 불쾌감 등을 느낀다. 행동상의 장애를 경험하는 것은 물론이고 심리적으로 우울해지고 짜증까지 내게 된다. 이러한 경험의 유사성 때문인지, 깁스를 하게 된 친구들이나 주변 사람들은 항상 내게 똑같은 말을 건네었다. "널 더욱 잘 이해할 수 있게 되었어. 얼마나 힘드니?" 아마도 그들은 일종의 장애 경험을 공유하고 싶은 것일 테고, 장애에 대해 더욱더 이해할 수 있게 되었다는 친근함을 나누고 싶었을 것이다.

그런데 여기서 흥미로운 것은 그들의 반응이 대개 천편일률적으로 같다는 것이다. 주로 하는 말들은 "한 팔로 머리를 감아 보니까 참 힘들더라. 생활하는 데 참 어려움이 많겠어." "생각해 보지 않은 상황에서 절망하게 되는 일들이 있더라고." "다리에 깁스를 하니까 나가지도 못하겠고, 이동도 너무 불편하고, 우리나라 정말 많이 바뀌어야 할 것 같아." "집에만 있으려니 갑갑하고, 우울증까지 걸릴 것 같아." "나 요즘 장애 체험하고 있잖아." 등등, 깁스를 한다는 일시적인 장애 체험(?)으로 인한 불편함과 괴로움을 호소하는 것이었다. 장애인들끼리 만나면 장애로 인한 에피소드를 나누면서 공감대를 형성하듯이, 비장애인 친구들이 나를 더욱 가깝게 느낀다는 그 이야기가 사실 싫지 만은 않았다. 그리고 너무나 친해서 내가 장애인이라는 사실마저 까맣게 잊어버린 친구들이 이런 반응을 보일 때면, '때는 이때다.' 하는 이상한 마음이 들기도 한다. 일종의 '그러니까, 앞으로 장애인 친구 좀 배려하고 봐 줘'라는 마음이 생기는 것이다. 내 안에서 장애를 이용해서 좀 편하게 지내 보자는 온정주의에 근거한 편협한 이기심이 생겨나기도 하는 것이다. 최

근에 시어머니가 왼팔에 깁스를 하시고, "너를 더 잘 이해하게 되었다. 힘들지?"라고 말씀하셨을 때, "뭘요"라고 애매하게 답하며 앞으로 장애인 며느리에게 더 관대해지실 것을 기대하기도 했다. 장애인에 대한 온정주의가 아닌, 며느리에 대한 온정주의를 요구한 것이라고 생각을 정리했지만, 장애와 깁스 경험에 대한 사람들의 일반적인 반응에 대해 내 안에서 온정주의에 대한 기대가 생겨날 때도 있었음을 부인할 수는 없다.

앞서 〈장애 체험에 대한 단상〉에서, 장애 체험은 장애인의 삶의 무게나 장애 억압에 대한 이해보다는 그저 신체적 불편함과 갑갑함에 대한 이해를 도울 뿐이라고 말한 적이 있다. 깁스를 하는 것은 다소 장기간의 경험이라 하루의 이벤트성 장애 체험 프로그램과는 다르지만, 역시 장애인의 삶을 느끼게 한다고 볼 수는 없다. 장애인의 손상의 경험에만 초점을 맞추기 때문에 사회적 차별이나 장애 억압을 이해시키지는 못하는 것이다. 게다가 장애인 당사자 역시도 '장애인이 힘들고 갑갑한 걸 알았으니, 앞으로 장애인을 더 도와 달라'라는 식의 사회 저변에 깔려 있는 온정주의적 태도를 알게 모르게 요구하게 됨을 생각해 본다면, 비장애인이 깁스를 한다는 것도 일회성 장애 체험 이벤트와 크게 다르지 않으며, 이로 인해 오히려 장애에 대한 온정주의를 강화시킬 수도 있겠다는 생각이 든다.

장애인이 깁스를 하는 이유

일반적으로 깁스를 하는 데 이유가 따로 있다고 생각하지는 않을 것이다. 다친 사람들이 사용하는 의료 장치로만 생각하기 때문이다. 그런데, 다른 이유에서 깁스를 한 학생이 있었다. 강의실 맨 뒷자리에서 얼굴도 가린 채 앉아 있던 모습이 인상적이었다. 첫 강의에서 내가 왼팔 장애인임을 밝히고 장애의 사회적 의미와 같은 기본적인 장애 이슈나 내 삶에 대한 이야기를 하자, 그 학생은 갑자기 교실 밖으로 나가 버렸다. 나중에 알고 보니, 왼팔에 장애가 있는데 이를 가리기 위해 깁스를 한다는 것이었다. 결국, 그 학생은 장애와 관련된 내용을 다루는 나의 강의에는 들어오지 않았다. 사회복지 정책론처럼 장애를 많이 다루지 않는 수업에서 만났을 뿐이었다. 그 학생의 마음이 누구보다 잘 이해되었기에 이유를 묻지는 않았다. 나도 20대 초반에는 시각장애인 교수님 수업이 듣기 꺼려졌었고, '장애'라는 단어를 듣기만 해도 마음속에 뭔가 무거운 것이 쿵 하고 내려앉는 듯하였고, 장애가 나에겐 거부하고 싶은 이슈였기 때문이었다. 사람들이 나의 장애를 몰랐으면 하는 마음이 강했고, 나 스스로도 심적으로 직면하고 싶지 않았고, 장애라는 단어를 듣기조차 힘들었던 것을 생각해 보면, 그 학생이 교실에서 나가 버린 것이 충분히 이해되었다. 나도 그 당시에는 최대한 비장애인인 것처럼 살고 싶었다. 이 학생이 깁스를 하는 까닭도 바로 거기에 있었다.

비장애인들이 깁스를 한 경험을 두고 장애 체험이라고 여기는 것과는 달리, 이 장애 학생에게 깁스는 역으로 비장애인처럼 보이게 하는 수단이었던 것이다. 의수를 하고 그 위에 깁스를

하니까, 정말 감쪽같이 비장애인처럼 보이긴 했다. '뻣뻣한 플라스틱 의수를 저렇게 가리는 방법이 있었구나!' 하는 생각이 들 뿐이었다. 1963년에 발표된 고프먼의 연구에서는, 장애인들은 상황에 편하게 적응하고자 최대한 비장애인처럼 보이고자 노력한다는 내용이 있는데, 이 학생이 의수 위에 깁스까지 해서 감쪽같이 비장애인처럼 보이고자 하는 것도 같은 맥락에서 이해할 수 있을 것이다.

깁스에 대한 생각의 전환

어린 시절, 깁스를 한 사람들을 볼 때마다 힘들겠다는 생각보다 부럽다는 생각을 했었다. 깁스를 한 사람들은 나처럼 팔을 쓰기 어려운 상황에 있지만, 그들에게는 '끝'이라는 게 있기 때문이었다. 예를 들어, '나도 3년 뒤에는 팔이 자라나서 의수를 사용하지 않아도 되는 상황이라면 좋겠다'라고 생각했다. 서너 달 깁스를 하고 힘들어 하는 그들이 내 눈에는 비장애인보다 더욱 현실적인 부러움의 대상이었던 것 같다. 그래서 깁스를 하고 힘들어 하는 친구들이 있으면, "난 깁스한 네가 부러워"라며 그들을 위로했었다.

그런데 이제는 의수를 착용하지 않고 거리를 활보할 만큼 장애에 대해 스스로가 편해졌다. 30대가 되면서 장애에 대한 자기 수용이 된 것 같다. 장애학에서는 장애 정체감이 생겼다고 하는 또는 장애 수용, 장애 자부심과 같은 용어로 설명하는 그 단계에 온 것이다. 깁스를 하고 힘들어 하는 주변 사람들에게 이제는 이렇게 말한다. "깁스 한 사람들이 부러웠던 적도 있지만 말이야, 한 손으로 머리를 감거나 일상생활을 하는 게 네가 깁스를 하고 경험하는 것과는 달라. 왜냐하면 난 두 손이 있어 본 적이 없으니까 그게 얼마나 편리한지, 한 손으로 생활하는 것이 얼마나 불편한지 잘 모르거든. 갑자기 한 손만으로 모든 것을 해야 하는 너와 30여 년간 트레이닝 된 나의 한 손이 어떻게 같니? 한 손 장애인이 된다는 게 네가 생각하는 것만큼 그렇게 힘든 것만은 아닐 거야. 상상해 봐. 만약 팔이 3개인 사람이 너를 본다면, 기능적인 면에서 팔이 두 개인 것이 얼마나 답답해 보일까 생각해 보라고. 즉, 상대적인 것 아닐까? 가끔 비장애인에게 적합한 환경과 디자인으로 인해 불편할 때가 있지만, 사람들의 생각보다는 사실 난 덜 힘들 거야"라고 말이다.

비장애인처럼 보이고 싶어서 깁스를 하는 장애 학생도 시간이 흐르면 이렇게 생각의 전환이 이루어지고, 자신의 장애가 편해질 날이 올 것이다. 비장애인들이 깁스를 하는 경험이 장애 체험의 일부일 뿐이라고 깨닫는 것도 국가적 장애 인식의 전환을 경험한 뒤에야 가능할 것이다. 단, 생각의 전환을 위한 시간과 많은 이들의 의도적인 노력이 필요할 것이다. 지금도 깁스한 비장애인들이 "힘들었겠다"라고 말할 때면 불쑥불쑥 내 안에서 장애에 대한 온정주의를 원할 때도 있기 때문이다. 나 하나의 생각의 전환도 이렇게 쉽지 않은 만큼, 우리 모두의 노력의 시간이 앞으로 더욱 필요할 것이라 생각한다.

전자레인지 속의 아이스크림

무엇을 먹고 사는가의 이야기는 늘 곁에 있어서 주목해 보지 못한 주제였다. 아침에 눈을 뜨면서, 잠을 더 잘 것인가 밥을 먹을 것인가의 선택의 기로에 놓이기도 하고, 점심시간이면 직장에서 또는 학교에서 무엇을 먹을지 고민하게 되고, 집에서 식사를 준비하거나 도시락을 쌀 때에도 무엇을 먹을 것인가는 매우 큰 고민거리가 된다. 이는 장애인이든 비장애인이든 하루하루 생을 이어 가는 사람이라면 누구나 겪는 일상의 모습이다.

무엇을 먹고 지내는가?

장애인들은 무얼 먹고 사는가? 답은 간단하다. 무엇을 먹는지 입는지 어디에 사는지의 문제는 장애 유무보다는 무엇보다 소득에 따라 결정된다. 시장에서 또는 마트에서 그날의 세일 상품이 그날의 식단이 되는 시대라고 한다. 개인과 가족의 선호도에 따라서 먹거리를 장만하는 것이 아니라, 장 보는 날의 세일 품목에 따라서 식단이 결정되고 있다. 장애인들은 다를까? 아니다. 각자의 예산과 선호도에 따라 장을 보고, 할인 품목에 집중하는 것은 똑같다. 다만 인스턴트나 반조리 식품 코너에서 주로 서성인다는 것이 다르다. 일반화하는 데 무리가 있을지 모르겠으나, 최소한 혼자 생활하며 스스로 먹거리를 해결하고 살아가는, 나를 포함한 주위의 장애인 친구들은 손이 많이 가는 음식을 피하고 최소한의 노동으로 한 끼를 해결할 수 있는 전자레인지용 식품들을 주로 먹는다. 유학 시절 각기 다른 나라에서 온 장애인 친구들과 장을 보고 식사를 준비하면서, 장애인의 먹거리와 식문화에 대해 연구해 볼 필요를 느꼈다. 미국에서의 경험이 좀 거리감이 있을 수 있으나, 각각 다른 장애를 가진 친구들의 식사가 어떠했는지 나의 경험을 바탕으로 이야기하고자 한다.

켈리: 뇌성마비 장애를 가진 그녀의 집에 가면 가스레인지 화구마다 모두 뚜껑을 덮어 놓았다. 전혀 사용하지 않는다고 했다. 고양이 한 마리와 살고 있는 켈리는 하루 2끼를 밖에서 사먹으며 생활한다. 그럼 무얼 먹고 지내는지 궁금하여 냉장고를 열어 보니, 탄산음료 수십 개와 전자레인지에 돌려 먹을 수 있는 햄버거 몇 개, 치즈, 일주일에 한 번 가사를 도와주는 분이 씻어서 1회분씩 플라스틱 그릇에 담아 놓은 과일 통들, 시리얼과 젤리, 우유, 아이스크림이 전부였다. 건강을 고려한다면, 과일만이 유일하게 좋아 보이는 식품이었다.

　반다나: 인도에서 온 그녀는 시각장애인이다. 워낙에 멋쟁이이고 미식가여서 인스턴트보다는 직접 요리한 음식을 좋아한다. 이 친구는 다른 인도 여학생 두 명과 함께 살고 있었기에, 순서를 정해 돌아가며 요리하고 정리하며 지내고 있었다. 반다나가 해 주는 음식들은 매우 독특했다. 미국화된 인도식 카레를 만들어 주곤 하였는데, 시각장애인이기에 장을 볼 때 동행했었고, 인도 음식의 재료를 잘 모르는 나는 모양새를 설명하고, 그녀가 냄새를 맡거나 만져 보면서 신선한 재료를 선택했었다. 함께 인도 음식을 만들고, 향신료 등을 찾아 주고, 계속 옆에서 보조 역할을 하는 것이 지루하고 힘들 때도 있었지만, 즐거운 추억이 되었다. 특별한 날 이렇게 음식을 해 먹는 것은 좋았으나, 바쁜 일상 가운데 시각장애인 친구의 장보기와 요리를 기다리는 것은 내게 큰 인내심을 요구했었다. 그래서 수업이 끝나면 주로 우리 집에 모여 한국 음식으로 저녁식사를 함께 하였다.

　톰: 전신 마비 장애를 가진 그는 시카고 다운타운에 사는 변호사였다. 나의 중국인 룸메이트와 인터넷 소개팅 사이트에서 만난 그는 테크놀로지가 얼마나 장애인의 삶을 변화시킬 수 있는지 보여 주었다. 얼굴 근육만으로 채팅을 하고 음성 인식기를 사용하여 문서 작업을 하는 그는 7명의 활동보조원을 시간대별로 고용하고 있었다. 그는 우리에게 미국 음식인 햄버거와 감자 칩을 요리해 주었다. 물론 활동보조원의 도움이 필요했다. 하지만 그의 요구대로 조리하였기에 그가 해 준 음식이라 여겼다.

한국에서 시카고로 온 나는 다른 나라에서 온 장애학과 친구들에 비해 경증 장애였다. 사람들과 어울리기도 좋아하고 음식을 나누는 것도 좋아했기에, 위의 친구 외에도 많은 외국 장애인 친구들을 적어도 주 2-3회 불러서 저녁식사를 함께 했다. 처음에는 스파게티와 한국 음식을 따로 만들어서 대접하다가, 나중에는 그 친구들의 입맛이 한국화 되어서 그냥 참치김치찌개에 밥만 먹는 날도 있었다. 큰 맘 먹고 잡채나 김밥을 만들 때면 거의 하루를 보내야 했지만, 친구들을 불러 모아 저녁 파티를 하는 날이 되었다. 그런 날에는 학교 세미나도 대충 마치고 모두들 "지혜 레스토랑으로 가자"고 외치며 우리 집으로 몰려들었다.

어떻게 먹는가?

켈리는 현재 한국 가정에서 누구나 사용하는 전기밥솥을 이용하여 요리한다. 손 사용이 자유롭지 않아서 뜨거운 오븐이나 가스레인지 사용은 어려우나, 전자레인지와 전기밥솥을 주요 도구로 삼아 다양한 요리를 한다. 고기와 야채, 치즈를 넣어 찌고 소스를 올려 먹거나, 감자나 고구마를 넣고 요리하기도 한다. 우리와 다른, 자신에게 적합한 요리 방식을 터득한 것이다. 그녀가 전기밥솥으로 요리한 연어찜과 브로콜리 수프는 정말 아직도 잊을 수 없는 최고의 요리였다. 그녀의 자립 생활에 한국식 밥솥이 이렇게나 유용할 줄은 전혀 예상하지 못했다. 그녀의 전자레인지는 또 한 번 나를 놀라게 했는데, 켈리는 꽁꽁

얼은 아이스크림을 전자레인지에 10초 정도 돌려서 녹여 먹는다. 수저로 퍼먹기 훨씬 쉽다. 한 손으로 아이스크림 통을 잡고 다른 손으로 퍼서 먹어야 하는 수고를 전자레인지는 덜어 주고 있었다. 지금은 나도 그녀의 방식대로 아이스크림을 전자레인지에 넣고 돌려서 먹는다.

식사 예절은 어떻게 지켜야 하나?

두 팔이 없는 친구를 만난 적이 있었다. 격식 있는 양식 코스 요리를 먹는 자리였다. 수저와 포크, 나이프만 해도 여러 개였고, 나는 언제나처럼 아무것이나 들고 내 마음대로 먹었다. 그 친구 역시 양 팔꿈치를 모아서 포크 하나를 집더니 그것으로 코스 요리를 끝까지, 대화를 나누며 즐겼다. 미국의 대학교에서는 학생들에게 코스 요리의 에티켓을 따로 교육하는 강좌도 열고, 파티 때에도 드레스 코드부터 지켜야 할 예절들이 많다. 한국도 크게 다르지 않다. 어른과의 식사 시 지켜야 하는 예절 외에도 다양한 식사 예절들이 있다. 장애인들에게는 이 예절이라는 것이 어떻게 해야 할지 난감할 때가 많다. 하지만 식사 예절은 결국 즐겁고 기분 좋은 식사를 위하여 필요한 것 아니겠는가? 켈리와 나의 여러 장애인 친구들은 결정했다. 세상에서 정해 놓은 옳고 그른 것은 없다고 말이다. 정해진 예절에 어긋날 것 같으면 미리 양해를 구할 수도 있거니와, 전자레인지에 아이스크림을 넣는 우리네 삶의 방식들을 그들도 즐겁게 이해할 수 있을 것이라 기대하기로 말이다.

장애인만의 경험인가?

인스턴트와 반조리 음식들 그리고 외식으로 주로 식사를 해결하고, 다른 방식의 조리법으로 식사를 준비하는 이들이 비단 장애인만은 아닐 것이다. 노인 인구가 증가하면서, 노인들의 편의점 이용이 크게 늘고 있다고 한다. 일본과 미국 등은 편의점 고객의 대부분이 노인이다. 대형 마트에 갈 만큼 많은 물품을 구매하지 않고, 그래서 이동이 편리한 지역의 편의점을 주로 이용하는 것이다. 그분들도 또한 인스턴트와 반조리 식품을 많이 이용하고 있다. 노인과 장애인뿐만 아니라, 싱글족들도 인스턴트와 반조리 식품, 그리고 외식으로 주요 식사를 해결하고 있을 것이다. 하지만 건강 문제를 고려하면, 노인과 장애인의 이러한 생활이 지속될 때 나타날 어려움들과 그에 따르는 사회적 비용을 우리 사회가 감당해야 하기에, 이들의 먹거리 문제에 대비할 필요도 있지 않을까 생각해 본다. 또한 식사 예절과 식사 문화와 관련해서도 다양성의 인정이라는 차원에서 보다 유연하게 사고하고 인정해 주는 문화가 확립되었으면 한다.

장애인에게 편한 것은 모두에게 편하다

보건소에서 임산부를 위한 철분제를 받아 왔다. 공짜로 얻었다는 기쁨도 잠시, 병뚜껑을 열려고 했을 때, 내가 할 수 있는 일이 아님을 직감했다. 대개의 경우, 왼팔이 없는 나로서는 병을 선반이나 무릎에 대고 왼쪽 팔꿈치로 누른 후 오른손으로 연다. 집에서 병을 열어야 하는 상황이라면 양쪽 발바닥 사이에 병을 놓고 앉은 자세에서 병뚜껑을 열기도 한다. 좀 우스꽝스런 자세지만, 무슨 상관이랴 싶다. 특히 굳게 닫힌 잼 병을 여는 데는 이 방법이 가장 좋다. 물론 우아하게 열 수 있는 방법도 있다. 누군가에게 열어 달라고 부탁하는 것이다. 그러나 항상 그런 여건이 주어지지는 않는다. 약병은 대개 누른 상태에서 돌려야 되는 경우가 많고, 특히 처음 개봉할 때는 병을 잡는 손과 뚜껑을 잡는 손 양쪽 모두에 상당한 힘이 필요하다. 결국 3일간 철분제를 먹지 못했다. 혼자 있을 때는 못 열어서, 남편과 함께 있을 때는 철분제를 먹어야 한다는 사실을 잊어버려서, 그냥 3

일이 흘렀다.

　불편한 몸이 아니라, 불편한 환경과 디자인이 문제였다.

　병뚜껑을 여는 것과 같은 일상 속의 시행착오를 겪을 때마다, 예전에는 엄마와 나 자신에 대해 짜증을 냈다. 철없던 그때는 임신 중 멀미약을 드셨다는 엄마 탓을 하기도 했고, 하나님을 원망하기도 했다. 이후, 20대 후반을 보내면서 비로소 장애를 수용하게 되고 또 장애학을 공부하게 되면서, 불편한 몸이 문제가 아니라 장애 특성이 고려되지 않는 불편한 환경과 디자인이 문제라는 것을 알게 되었다.

　어떤 환경과 디자인이 문제가 되는지 나열해 볼까? 아침에 머리를 감을 때 사용하는 샴푸는 펌프 식으로 되어 있어야 편하다. 병을 거꾸로 들어서 누르거나 짜서 쓰는 것은 한 손 사용자에겐 불편하다. 치약도 세면대에 놓고 왼 팔꿈치로 눌러서 쓰지만 끝까지 알뜰하게 사용하기엔 무리가 있다. 화장을 할 때, 또다시 제품 디자인으로 인한 불편을 겪는다. 스킨과 로션을 바를 때, 병이 펌프식이면 좋은데, 다수의 화장품은 그렇지 않으며, 뚜껑도 원터치가 아닌, 돌려서 열어야 하는 방식이다. 큰 병의 화장품은 왼쪽 겨드랑이 사이에 넣고 오른손으로 돌려서 뚜껑을 열 수 있지만, 작은 샘플 화장품은 아예 사용을 포기하게 된다. 마찬가지 이유에서 자잘한 장신구나 메이크업 제품은 아예 사용하지 않는다. 목걸이나 귀걸이 같은 장신구도 혼자서 하려면 시간이 꽤 걸린다. 옷은 의수가 들어갈 정도의 소매통이 확보된 긴팔의 옷이어야 하고, 운동화를 신을 때에는 끈을 매어 신는 운동화 대신 아동용처럼 찍찍이가 달린 운동화를 찾아서 사야 한다. 가방도 한 손에 드는 가방은 오른팔의 자유마저 빼앗아 가기에, 반드시 어깨에 메는 형태여야 활동하기 편하다. 이렇게 아침에 외출 준비와 관련해서만 보더라도, 하기 힘들거나 시간이 좀 더 걸리거나, 선택의 제약이 따르는 상황이 연출되는 것이다.

작업 환경이나 공부 환경에 대해서 또 생각해 보면, 나의 경우에는 컴퓨터의 두 손 자판에 길들여지는 데 상당한 시간이 걸렸다. 지금은 익숙해졌지만, 그래도 상대적으로 양손 사용자에 비해 오타도 많고 속도도 느리다. 스피드 때문에 작업을 못하는 것이 아니라 보고서에 쓸 말이 떠오르지 않아서 작업을 못하는 경우가 많으니, 자판을 두드리는 속도가 업무의 완성도에 큰 영향을 미치지는 않을 것이라고 이모가 조언을 해 주기도 했었다. 이를 인정하면서도, 나는 양손 자판에 익숙해지기 위한 시간을 보내면서 매우 속상해 했던 기억이 난다.

집안일과 관련해서는 불편한 것이 훨씬 많다. 많은 가사 업무가 기계화되었지만, 이것도 양손 사용자 위주이다. 대표적으로, 드럼세탁기는 버튼으로 문을 여는 최신형이 아니면 모두 왼손으로 열도록 되어 있어서, 오른손만 사용하는 내가 열기에는 어렵다. 도마나 칼로 야채를 다듬는 일들도 익숙해지기까지 많은 연습이 필요했고, 나만의 방법을 개발하는 데 다소 시간이 걸렸다. 각종 수납 용기는 한 손으로 열기 버거운 것들이 다수이다.

락앤락과 같은 뚜껑 방식이면 편한 편이지만, 압착되어 있거나 돌려서 열어야 하는 용기들은 때론 난감하다. 비장애인들도 살림을 배우고 익숙해지기까지는 시간이 필요하기에 특별히 나만 억울할 일은 없지만, 만약에 좀 더 "장애 친화적인" 디자인의 제품이나 도구들이 많이 개발된다면 어떨까 하는 바람이 있다. 여성의 사회적 지위가 신장되고 사회활동이 활발해지면서 주방 도구나 청소 도구 등의 영역이 혁신을 거듭해 온 것처럼, 이제는 장애인의 관점에서 생활 도구는 물론이고, 작업 환경, 도시 계획에 이르기까지 변화를 도모해야 할 때가 아닐까?

모든 인간을 위한 "유니버셜 디자인"

이러한 시대적 요구에 부응하듯, 모든 인간을 위한 "유니버셜 디자인"이라는 용어가 몇 해 전부터 디자인계에서 혁신을 일으키고 있다고 한다. 내가 이 용어를 처음 접한 것은 6년 전쯤, 오하이오 주립 대학에서 열렸던 장애학회에서였다. '보편적인 디자인'이라고 번역되는 이 개념은 매우 단순하고 또 급진적이고 매력적인 개념으로 다가왔다. 사회구조와 환경, 매일 사용하는 사소한 제품들 하나하나가 모두 비장애인 위주로 만들어져 있어서, 장애인들은 불편을 경험한다. 그렇기에 모두가 편리하게 사용할 수 있는 디자인으로 제품을 생산하면 어떤가 하는 것이 이 디자인의 기본 개념이다. 이는 어린아이에서 노약자, 장애인에 이르기까지 편리하게 사용할 수 있는 디자인을 말한다. 예를 들면, 방문의 손잡이가 몇 년 전부터 둥근 형태가 아니라 막대

형태로 바뀐 것은 모두 알 것이다. 손가락이나 팔이 없는 장애인도, 손이 작은 어린아이도, 근력이 약한 노인도, 모두 이용하기 편리한 디자인인 것이다.

우리 생활 곳곳에서 유니버설 디자인은 발견된다. 대형 마트에 계단 대신 설치된 무빙워크도 유모차나 휠체어, 쇼핑카트까지 이동하기 편한 수단이 되고 있다. 엘리베이터 내부에 가로로 배열된 버튼도 휠체어 사용자나 어린아이들을 배려한 디자인이다. 액체로 된 화장품이 분무기 형태나 분사형으로 나오기도 하는데, 이것도 유니버설 디자인이다. 장애인을 위해 별도의 예산을 책정하여 추가적인 편의 시설을 마련하는 것이 아니라, 애초에 디자인할 때 다양한 사람들의 신체적 개성을 고려한 디자인을 하는 것이기에, 비용도 절감되고 활용도도 높아진다. 앞으로, 장애인에게 편한 것은 모두에게 편하다는 생각으로 환경과 건축물들과 제품들을 디자인한다면, 장애인들의 독립적인 생활은 더욱 빛을 더해 가리라 본다.

그러나 시카고의 건축가와 만나면서, 쉽지 않은 일임을 느꼈다.

한창 유니버설 디자인의 개념에 매료되었을 때에 시카고에서 공부와 일을 병행하고 있는 한국인 건축가를 만날 수 있었다. 편한 저녁 식사 자리에서, 그는 "장애인 편의 시설 설치 규정 때문에 원하는 설계가 나오질 않아 짜증 난 적이 여러 번 있었다"고 말했다. '나는 이러는 당신에게 짜증 난다'고 생각하면서, "건축물이라는 것이 건축가의 미적 욕구를 충족시키기 위한 것인가요? 아니면, 그 건축물을 이용하는 사람들을 위한 것인가요?"라고 물었다. "장애인은 소수이다. 그 소수의 편의를 위해서 다수의 사람들이 멋지다고 감탄할 수 있는 부분들을 포기하기는 싫다"는 것이 그의 답변이었다. 어쩌면 그의 반응이 대다수 사람들의 반응일 것이다. 유니버설 디자인의 실현이 소소한 제품 디자인에 국한될 때에는 갈등이 없겠지만, 건축이나 도시계획과 같은 영역에서는 기득권층들과의 기 싸움이 계속될 것이라는 예감이 들었다. 특히, 한국의 경우 지역 개발을 둘러싸고 얼마나 많은 이권이 걸려 있는지 생각해 보면, 이 건축학도의 건물에 대한 미적 욕심은 아주 일부에 불과한 갈등임을 느낄 수 있었다. 그럼에도, '우리가 가야 할 방향이 어디인가'를 생각해 보면, 의외로 갈등은 쉽게 해소될지도 모른다는 희망을 가져본다. 혹여 유니버설 디자인의 적용이 기득권층의 이익 창출을 위한 수단으로 전락할지라도, 장애인으로서 '모든 사람을 위한 디자인과 환경'에 욕심이 난다.

우리는 정말 정신장애인의 사회참여를 원하는가?

사랑이라는 말만큼이나 인권이라는 말도 흔하다. 복지 대상
자들을 사랑하고, 인권을 가진 존재로서 대하자고 우리 사회는
항상 뻐꾸기처럼 이야기한다. 그러나 진정 정신장애인들에게
인권이라는 것이 보장되고 있는가 하는 의문이 든다. 이 글에서
는 우리 사회에서 가장 바닥에 있는 정신장애인들에 대한 이야
기를 해 보고자 한다. 우리 스스로가 얼마나 이중적인지, 알고
싶지 않은 자신에 대해 생각해 보게 될 것이다.

정신장애인, 어떻게 살고 있나?

가끔 TV의 고발 프로그램에서 평생 종살이를 당했다는 지적
장애인의 사례가 나오기도 하고, 여성 정신장애인들이 성폭행
의 대상이 되고 있다는 이야기도 심심치 않게 들려온다. 그러나
보도되는 내용은 자극적인 부분만을 강조하고, 사람들에게 "어
쩜 이럴 수가!" 하는 놀람을 제공할 뿐이다. 해당 정신장애인들

의 삶은 그 누구도 적극적으로 나서서 바꾸려 하지 않는 것 같다. 심지어 가족마저도 정신장애인을 금치산자나 한정치산자로 처리하고 시설에 강제 입원시켜 재산을 가로채는 일이 벌어지기도 한다. 현재 정신병원에 수용된 정신장애인의 86%가 강제 입원되었다고 한다. 정신보건법에서 강제 입원을 허용하고 있고, 이들에 대한 보호의 책임이 1차적으로 가족에게 있기에, 가족에 의해 강제 입원되는 경우가 많은 것이다. 또한 재원 기간도 평균 7년이나 되고, 퇴원도 본인 의사보다는 가족의 입장이 더욱 고려되는 측면이 있어서, 시설 내 정신장애인들의 생활은 자기 주체성이 결여되었다고 볼 수 있다. 모든 시설이 그러하지는 않다고 하더라도, 시설 내의 격리 강박이나 폭행 등의 일은 자주 일어나며, 생활에 대한 본인의 의사 결정권은 거의 없다. 이렇게 정신장애인들은 가족에 의해 그리고 시설 내에서 지속적으로 통제된 생활을 하고 있다.

중세 때의 마녀사냥이나 나치 시대의 정신장애인 대학살, 그 후의 단종법 시행으로 인한 정신장애인 강제 불임시술의 역사를 우리는 잘 기억한다. 정신장애인을 인간으로 보지 않고 없어져야 할 열등한 존재로 보았기에 우리는 이런 잔혹한 역사를 만들어 왔다. 그리고 이제는 장애인의 인권 문제를 화두로 삼으면서, 이들이 지역사회에 통합될 수 있노라고 다양한 시도들을 해 보기도 한다. 서구의 정신장애인 탈시설화 경험이나, 오늘날 한국에서 시도되는 여러 가지 지역사회 통합 프로그램이 그 예가 될 수 있다. 어떤 이는 이를 두고, 인간 잔혹사에 대한 심리적 반성이라고 평가하기도 했다. 미안하고 불편한 마음을 조금 내려놓자는 비장애인들의 심리적 반성이든, 아니면 진정 정신장애인들의 인권 회복을 주장하는 일종의 정신장애인계의 시민혁명이든, 최근 들어 장애인 인권이 화두가 되면서 문제의식들이 생겨나고 있는 것은 사실이다. 그러나 선언적인 수준이나 학문적인 논의의 수준이 아닌, 정신장애인들의 실제 삶의 모습에서, 우리는 이런 변화를 전혀 감지할 수 없다. 시설 내에서나 가족 내에서의 삶을 볼 때, 정신장애인의 삶은 잔혹하기 그지없는 비인권적인 과거의 역사 속에서 전혀 벗어나지 못하고 있는 듯하다.

시설 밖에서의 정신장애인의 사회참여, 가능한가?

극단적인 사례처럼 들리는 정신장애인들의 잔혹한 생활이 아닌, 좀 더 익숙한 우리네 삶의 바로 옆에서 일어나는 일들은 어떤 것이 있을까? 정신장애에는 발달(자폐성) 장애, 정신 질환 장애, 지적장애가 모두 포함된다. 정신장애인은 개인의 장애 정도와 상황에 따라서 저마다 다른 환경에서 살아간다. 시설 내 정신장애인이 아닌, 나름 사회 통합의 시도를 계속하고 있는 정신장애인들은 어떻게 살고 있고, 또 우리 사회는 그들을 어떻게 대하고 있을까?

사회교육원에서 있었던 일이다. 강의를 하러 나간 어느 날, 교무처에서 지적장애 학생에 대한 강사들 간의 논의가 있었다. "지적장애인을 사회복지사 자격 과정에 받아 주면 어쩌느냐"

며 몇 강사들이 학교 측에 학점을 어떻게 처리할 것인가에 대하여 문의하면서 벌어진 논쟁이었다. 그 지적장애 학생은 내 수업에도 참석하고 있었던 터라 나 역시 그 논의에 관심을 기울였다. 사회교육원의 학점 이수제 과정은 특별한 입학시험 없이 누구나 고등학교 학력 이상이면 참여할 수 있다. 때문에 지적장애가 있다고 하더라도 충분히 수업을 들을 수 있는 것이다. 그런데, 학업 수행 능력이 결여되었다는 연유에서 몇몇 강사들이 문제 제기를 하고 있었다. "이 남학생이 정해진 과목의 학점을 이수하고 나면 사회복지사 2급 자격이 주어지는데, 이 학생의 현재의 지적 능력으로는 사회복지사로서 주도적으로 프로그램을 운영한다든가 상담을 하는 것은 불가능합니다." "학교 측에서 애초에 받지 말았어야 해요"라면서 강하게 학교를 비판하는 사람들부터, "그래도 수업에 방해가 되는 것도 아니고, 본인이 능력껏 노력하고 있고, 각자 수업 맡은 선생님들이 저마다의 평가 기준으로 학점을 줄 수 있는 것 아닌가요?"라는 의견도 있었다. 물론 한두 과목의 학점이 문제가 아니라 앞서 제시된 우려들이 무엇을 의미하는지 안다. 그 학생이 자격을 취득하고 사회복지사로 일한다면 더 큰 문제를 일으킬 수도 있다는 염려 때문일 것이다. 사회복지 대상자에게 해를 가할지도 모르며, 조직생활이 어려울지도 모른다는 점에서 염려하는 것이다.

우리 사회에서 정신장애력은 그 자체로 자격을 가질 수 없는, 원천적으로 배제되는 정당한 사유가 되고 있다. 변호사(변호사법), 의사·약사·의료 보조 인력 등(의료법), 이·미용사(공중위

생관리법), 운전면허(도로교통법), 영유아 보육자(영유아보육법) 조리사나 위생사(식품위생법) 등의 영역에서 정신장애인은 자격을 취득할 수가 없다. 사람을 대하는 일들이기에 정신장애인들이 자격증을 가질 수 없다는 논리는 어느 정도 이해할 수 있으나, 지극히 비장애인 중심의 생각은 아닐까. 장애의 정도와 개인적 상황에 따라 정신장애가 있다고 하더라도 사회생활이 얼마든지 가능한 경우도 많다. 위의 예에 등장한 지적장애 학생의 경우, 사회복지 시설 내에서 보조 사회복지사로서 일할 수 있는 능력은 있다고 생각한다. 저마다의 특성과 능력과 주변의 지지 정도에 따라서, 지적장애 또는 정신 질환, 발달 장애를 가지고 있다고 하더라도, 사람을 만나고 대하는 일도 가능하리라고 생각한다. 원천적 자격 봉쇄가 아니라, 별도의 심사 체계를 통하여 개인에 따라 자격 여부를 판단 받을 수 있는 기회가 부여되어야 하지 않을까?

사적 영역에 대한 공적 개입의 가능성. 또 그 길만이 대안인가?

2008년 장애인 차별금지법 시행 이후에 2009년 정신장애인 인권 보호와 증진을 위한 국가보고서가 발간되었고, 사회복지계나 법학계에서 정신장애인들의 권리 보장을 위한 대안들이 하나둘씩 논의되고 있다. 지극히 사적 영역으로만 생각된 정신장애인과 가족의 결정에 대하여 국가 차원의 공적 개입을 해 보자는 것이다. 공공 후견인 제도나, 사회복지 전문 재판부를 두어 정신보건 시설의 입·퇴원 문제나 재산권 문제를 둘러싸고 장애인들의 인권침해나 권리박탈이 일어나지 않도록 해야 한다는 논의도 있고, 정신장애인의 사회 통합에 걸림돌이 되는 부분들이 있다면 시정해 나가자는 의견들이 나오고 있다. 하지만 우리가 간과하지 말아야 할 것은 우리가 정말로 정신장애인의 사회 통합을 마음으로 허락하고 있으며, 개인적인 차원에서도 우리 각자가 정신장애인과 생활 속에서 어울릴 준비가 되어 있는가 하는 부분이다. 마음속으로는 여전히 정신장애인을 인간으로 대우하지 않으면서, 정신장애인에 대한 법적 인권 보장을 논의하는 수준에서 그들에 대한 잔혹한 역사를 반성하는 척하는 것은 아닐까. 이 글을 포함해서 정신장애인의 인권 보장을 논하는 말과 글들이 일종의 사회적 허영을 쓴 우리네의 쇼가 아닐까. 정신장애인의 사회 통합에 대한 우리 안의 진정한 자기 성찰이 필요한 시점이다. 정말 정신장애인을 사람으로 인정하고 있는가를 말이다.

3부

장애학: 기존의 장애관을 넘어서

장애학과의 만남

　관점의 전환을 시도하는 새로운 학문인, "장애학"을 소개하고자 한다. 장애학은 국내에 아직 하나의 전공으로 존재하지 않는다. 장애학이 무엇인지 알고 싶어 하는 사람들이 늘어나고 있을 뿐이다. 자발적으로 외국 서적을 공부하는 사람들이 생겨나고, 장애학 서적이 하나둘씩 번역되고 있기도 하다. 정보와 지식이 넘쳐 나서 버거울 정도인 이 시대에 장애학은 어떤 학문으로서 새로운 지식과 관점을 보태고 있는 것일까? 장애 문제에 대하여 사회적으로 접근해야 한다는 데 관심이 높아지고 있는 지금, 장애학을 공부한 새내기로서 장애학을 알리고 싶고 또 책임감도 들어 이 글을 쓴다.

　사실 장애학은 기존 장애 관련 학문들의 패러다임 전환을 시도한다는 점에서 획기적인 신학문이다. 코페르니쿠스적 전환과도 같다고나 할까? 우주의 중심에 지구를 놓고 행성의 궤도를 설명하는 것이 힘이 들자, 태양을 중심에 놓고 그 궤도를 설명한 코페르니쿠스처럼, 장애와 사회의 관계나 역사를 설명하는 데 있어서 비장애인의 관점이 아닌 장애인의 관점을 중심부에 두는 것이 장애학인 것이다.

처음 장애학을 접한 것은 2003년 가을, 런던의 교내 서점에서였다. 학교 서점에 무슨 책들이 있나 구경하러 갔는데, 책장 맨 꼭대기에 장애학(Disability Studies)이라는 책이 있었다. 한국에서 사회복지를 공부할 때에는 한 번도 들어 보지 못한 이름이었다. 주로 장애인 복지학이라고 이름 붙여진 책들이 대부분이었기 때문이다. 점원에게 부탁하여 그 책을 꺼내어 달라고 할 만큼 아주 적극적으로 그 책을 보고자 했다. 왜 그랬을까. 웬만해서는 꺼내기 힘든 곳에 있는 책은 그냥 지나치는 나이건만, 그 책은 꼭 보고 싶었던 듯하다. 책을 한 장 한 장 넘겨 보면서 내 머릿속에서는 종이 울렸다. 장애에 대한 다양한 이야기들이 들어 있었다. 어떻게 장애인을 도울 것인가에 초점을 맞춘 사회복지학 책이 아닌, 장애인들이 어떤 삶과 문화를 갖고 있는지에 대한 책이었으며, 그 삶의 이야기가 학문으로 구성되고 표현될 수 있다는 점에 충격을 받기도 했다. 삶과 지식을 구분하여 생각하고 장애인으로 살아가는 삶의 이야기가 하나의 학문이 될 수 있다는 것은 매우 신선한 충격이었다. 개인적으로는 장애 여성으로서 장애를 감추고 싶고, 그럼에도 감당해 내며 살아가야 할 미래의 시간들을 고민하던 시기였다. 그렇게 장애에 대한 고민들로 유예된 사춘기를 보내던 20대 중반의 어느 날, 명쾌하게 장애인의 삶과 장애의 문제를 역사적 · 정치적 · 경제적

이유로 해석하고 있는 장애학 서적이, 사실 내겐 학문적 갈급함을 채워 주기 이전에 이미 삶의 고민을 나누어 짊어지는 고마운 존재가 되었던 것이다. 8년이 지난 지금, 가을바람이 부니 그날 서점에서 홀로 경험했던, 내 삶을 강타하고 송두리째 바꾼 조용하고 놀라웠던 충격이 떠오른다. 그날 밤 장애학이라는 전공 분야가 있다는 것을 처음 알았다. 그리고 미국의 일리노이 주립 대학에서 그 책을 출판했음을 확인하고, 밤새 인터넷을 뒤져 그 책을 출판한 대학의 박사과정에 원서를 썼던 기억도 난다. 그 후 그 학교에 입학을 하고 그 책의 저자들과 만나고 교류하게 되면서, 나 자신의 장애에 대한 관점과 삶의 방식과 주변 친구들마저도 전부 바뀌었다. 미국 일리노이 주립 대학의 장애학과에서 공부하던 몇 년의 시간 동안, 장애라는 영역이 개인적으로 회피하거나 묵인하거나 감출 문제가 아니라는 것과 장애인 동료들과 함께 웃고 떠들며 즐겁게 공유할 수 있는 인생의 특별한 경험이라는 것을 알게 된 것이다. 8년 전 가을날, 서점에서 그 책을 만나지 않았다면 난 지금쯤 어떤 사람들과 무슨 일을 하고 있을지 사뭇 궁금하다.

장애학은 장애의 문제를 장애인의 관점에서 다루는 학문이다. 기존의 다른 학문들이 장애의 이슈를 개인적인 문제, 수정되어야 할 그 무언가로 보았다면, 장애학에서는 장애를 다양한 인간의 모습으로 이해하고자 한다. 기존의 장애 관련 학문에는 특수교육학, 재활 공학, 장애인 복지학, 재활학, 의학 등이 있다. 그들은 장애 관련 전문가들의 관점을 학문의 중심에 둔다. 장

애인의 상태는 수정되어야 하는 비정상적인 상태로서, 치료와 재활, 특수교육이 중요한 것이다. 장애 유형별로 장애의 특성을 나누고, 장애인의 기능과 능력을 재단하고, 유전이냐 아니냐의 문제를 다루는 등, 지극히 '정상적 인간' 만들기에 골몰한다. 그러나 장애학은 다르다. '정상'의 개념을 거부하며, 개성 있는 몸으로서의 장애를 인정할 것을 사회에 요구한다. 장애 전문가의 관점이 아닌 장애인 당사자의 관점에서 역사와 철학과 문화를 생산해 내고 있는 것이 장애학인 것이다. 예를 들어, 양팔이 없는 사람이 양쪽 팔꿈치로 요리하고 음식을 먹는 일은, 처음 보는 이에게는 낯설고 어색하고 우스꽝스러운 광경이고 불편할 수 있으나, 양쪽 팔이 없는 장애인 당사자에게는 삶의 양식이고 이상한 것이 아닌 자연스러운 일이다. 기존의 접근 방식으로는 이 장애인에게 로봇 팔과 같은 것으로 요리하고 먹는 방법을 (최대한 비장애인의 모습에 가까운 삶의 방식으로 수정하고 적응시키고자) 가르치려고 할 것이다. 그러나 장애학적 관점에서는 팔꿈치로 먹는 것이 문제가 되지 않는다.

언젠가 격식을 갖추어야 하는 자리에서 장애학을 공부하던 친구들끼리 수다를 떨고 있었다. 나는 반짝이는 수저와 포크들이 가지런히 나열된 것을 보고, 어떻게 먹는지 친구에게 물었다. 내 질문은 어느 포크나 수저를 먼저 사용하느냐를 물은 것이었지만, 미국의 장애인 친구들은, "난 그냥 팔꿈치로 먹을 건데"라고 답하며 웨이터에게 포크를 모두 치워 달라고 했다. 당당하고 우아하게 양쪽 팔꿈치를 이용해서 스테이크를 먹던 그녀를 보며 '이게 장애학이다'라는 이야기를 건넸고, 같은 테이블에 앉은 우리 모두 격식 따위는 잊은 채 매우 자유로운 식사를 즐겼다. 그렇다. 장애학이란 이런 것이다. 비장애인의 관점과 사회의 고정된 룰에서는 잘못된 것이고 바로잡아야 할 그 무언가가, 장애인의 관점에서는 있는 그대로 유쾌하고 즐거운 삶의 방식이 되는 것이다.

그렇다면, 결국 장애인은 장애인대로 비장애인은 비장애인대로, 각자 제멋대로 살면 된다는 것이 장애학의 정체성인가 하고 물을지도 모르겠다. 그러나 장애학은 장애의 문제가 나만의 문제가 아니며 우리 모두의 문제라는 것을 알려 주는 학문이다. 장애인의 관점에서 접근하지만, 결국 인간 전체를 다루는 학문이라는 것이다. 우리는 장애 범주를 의료적인 기준에서 정하기에 장애인이라 명명된 사람들만이 장애학의 연구 대상이 될 것이라 여기는 우를 범한다. 하지만 그렇지 않다. 장애학은 사람을 연구 대상으로 보기도 하지만, 우리 사회구조나 환경, 그리고 인간 전체에 더 많은 초점을 맞추고 있다. 인간의 다양성을 우리 역사가 얼마나 인정하지 못했는가와 관련하여 장애 억압, 인간 억압의 역사를 연구하고, 아름다움과 추함의 기준으로서 이데올로기를 연구하기도 한다. 장애인이 등장하는 영화나 언론, 문학작품들을 장애인의 관점에서 분석하기도 하며, 자본주의와 장애인 시장이 어떻게 연결되어 있는지를 연구하기도 한다. 즉, 인문학이자 사회과학적인 속성을 지닌다. 그러나 거기서 그치지 않는다. 장애인의 삶의 변화에 현실적으로 기여하는 공학적 접근도 하며, 재활이나 물리치료, 작업치료의 영역도 장애학의 영역 안에 들어 있기도 하다. 즉, 다양한 인간의 특성에 대하여 우리 사회가 얼마나 억압하고 있는지, 우리를 둘러싼 사회와 환경이 얼마나 부족한 점이 많은지에 주목하는 것이다.

기존 학문 중 유사한 것을 찾아보자면, 사회학이나 여성학을 들 수 있다. 사회적 · 경제적 · 정치적 · 역사적 조건과 장애의 생산/구성이 어떤 관계에 있는지를 규명하는 것이 장애학의 주요 관심사이기 때문이다. 그러나 사회학의 한 분야로서 장애학을 이해하기에는 담고 있는 영역이 너무도 크다. 솔직히 장애학에 대한 학문적 정체성을 논하기에는 아직 이른 감이 있다. 외국의 장애 학계에서도 여전히 논의 중이기 때문이다. 다만 분명한 것은, 지금까지 삶의 영역이나 학문의 영역에서 장애인의 관점이 중심에 있었던 적이 한 번도 없었는데, 이제 장애학을 통해서 비로소 새로운 바람이 불기 시작했다는 것이다.

'장애학'을 통한 자기 치유

장애학은 장애인의 관점에서 다시 쓰는 학문이다. 인문학이기도 하고 사회과학이기도 한, 다양한 전공의 배경이 장애를 중심으로 재구성되는 학문이기도 하다. 무엇보다도, 장애학의 세계관은 기존의 우리 사회의 구조와 운영 방식에 다소 저항하는 학문이라는 것이 가장 큰 특징이다.

그렇다. 장애학은 "장애를 사회적인 것"이라고 규정한다. 장애라는 이름을 붙인 것은 사회이며, 하늘 아래 존재하는 인간은 다 다르고 다양할 뿐이지, 누가 더 잘나고 못난 문제가 아니라는 관점이다. 지능이 낮은 것이 열등함의 상징이 아닌, 하나의 특성이자 개성이 된다고 보고, 그 사람의 사회참여를 위해 어떠한 사회적 노력을 해야 하는지에 관심을 둔다. 그렇기에 장애학은 사회 개혁을 외치는, 야인의 피가 흐르는, 거친 저항 학문처럼 느껴진다. 사회복지적 세계와는 다른 인권 운동적 속성을 더 많이 보이는 것이다. 누군가는 그런 이야기를 했다. 장애학은

단순히 관점의 전환 말고 뭐가 있냐, 속빈 강정이 아니냐는 비판이었다. 사회적 모델로 대변되는 장애학의 성격을 빼면 뭐가 남느냐는 질문에 잠시 당황하기도 했었다. 사회적 모델이란 기존의 우리 사회가 장애인을 의료적인 기준에서만 판단하고, 의료적인 기준에서 장애인을 정상에 가깝게 만들려던 것과는 다른, 사회 내 환경 변화를 통해 장애인의 삶이 달라지는 것에 초점을 맞추는 입장이다. 예를 들면, 걷기 힘든 기능적 손상을 가진 장애인에게 의료적 모델에서는 걷기 위한 재활 치료 프로그램을 강조한다면, 사회적 모델에서는 휠체어 제공과 경사로와 엘리베이터 설치가 중요해지는 것이다. 그렇기에 이 사회적 모델에서는 장애인을 아프거나 부족한 존재로 보지 않으며, 다른 신체적 특징을 가진 사람으로 인정하고, 의료 전문가보다도 장애인 당사자들의 입장을 우선시한다. 그렇다면, 사회적 모델을 뺀 장애학은 어떤 의미가 있을까?

사실 장애학은 내 삶을 바꾸어 놓았다. 아니, 적어도 나를 비롯해 장애를 가진 전 세계에서 온 친구들의 삶이 바뀌었음은 분명하다. 왜냐하면 세상과 자신을 바라보는 세계관이 바뀌었기 때문이다. 마음과 생각이 바뀌면, 세상이 바뀐다. 장애학을 공부하면서 나는 자기 인정, 자기 치유, 자기 혁명의 전 과정을 거친 듯하다. 나의 하루하루의 일상과 분리되지 않은 이야기가 학문이 된 것이기에, 전공 공부를 하는 것이 때로는 아픈 과거의 기억과 상처들을 하나씩 건드리는 시간이 되기도 했다. 전 세계 장애인들의 삶이 너무나 힘들고 열악하다는 점에서, 어느 곳이든 장애인을 위한 파라다이스는 없다는 내용을 공부하면서, 목이 메어 오르며 눈물을 삼키기도 했던 것 같다. 그 전공책에 나오는 이야기들이 남의 이야기가 아닌 나의 이야기로 다가왔기에 더욱 심리적으로 공감되고, 마음이 아프고, 서럽기까지 했던 것 같다. 그래서 한때는 이 공부를 계속 하다가는 내 자신이 너무 황폐해지겠다는 생각이 들기도 하고, 공부라는 것 자체가 홀로 가는 길이기에 외로운 길인데, 주로 다루는 내용마저도 어두운 내용이 많고, 그것이 나를 들여다보는 내용이기에 더욱 힘들어져 그만두려고도 했었다. 그런데, 10개월쯤 지났을까, 다시 힘이 나기 시작했다. 아픈 마음의 짐들이 조금씩 가벼워지고, 다른 나라에서 온 장애인 친구들이 내 옆에 있다는 게 보이기 시작했고, 그들도 같은 경험을 했다는 것을 알게 되었다. 마치 "당신은 암입니다"라는 선고를 받고, 충격에 휩싸여 그것을 믿고 싶어 하지 않고, 현실을 부인하고 힘들어 하다가, 시간이 흐르면서 암을 인정하고, 어떠한 방식으로 싸울 것인지를 결정하는 것과 마찬가지로, 나와 친구들은 저마다 장애학 프로그램을 통해 느끼는 수많은 장애 현실들 속에서 그동안 회피했던 장애인으로서의 정체감을 갖게 되고, 스스로를 수치스러워하기보다는 잘 살아왔다고 칭찬해 주고, 앞으로도 잘 살아 나갈 수 있을 것이라고 자기 암시를 하는 모습으로 변화된 것을 알 수 있었다. 이런 것을 사회복지 영역에서는 임파워먼트(역량 강화)라고도 한다. 나를 긍정하고 살아갈 힘을 얻는 것, 나 자신을 믿고 인생의 새로운 단계에 도전해 나가는 것을 말한다. 복지

168

실천 영역에서는 상담과 지지를 통하여 역량 강화가 이루어진
다고 한다. 그러나 나의 개인적 역량 강화는 장애학이라는 학문
을 공부하면서 이루어졌다. 어느 특정 시점을 지목할 수는 없지
만, 장애인으로서의 나를 인정하고 차별과 억압의 대상으로서
의 장애인의 현실을 알게 된 것은 아픈 곳에 빨간약을 발랐을
때 잠깐 동안 욱신거리는 아픔을 주었다가 딱지가 생기는 그런
느낌으로 다가왔다. 그렇게 20대 후반의 시간을 보내면서, 나
는 치열한 장애 수용의 과정을 장애학과 함께 지나온 듯하다.

최근에 또다시 장애학적 사고가 장애인을 어떻게 변화시키는
지 알 수 있었다. 40대 중반의 한 장애 여성이 내가 진행하는 장
애학 수업을 들으면서 자신이 얼마나 변하였는지 이야기해 주
었다. 학기 초만 해도 상기된 얼굴로 한쪽 구석에서 수업만 조
용히 듣던 그분이, "저는 이런 분위기가 처음이에요. 계속 나올
지 모르겠어요." 하던 분이, 10주 정도 수업이 진행되었을 때,
너무 많이 변해 있었다. 이제는 의료나 소득보장 등 장애인의
사회보장제도나 주거 문제 등과 관련된 장애인의 현실적 문제
에 대해 강한 저항과 연대를 보이고 계신다. "수업을 듣기가 힘
들어요. 장애인과 수업을 듣는 것도 어색하고요. 수업을 듣고
돌아가면 일주일 내내 마음이 버거워요"라고 말하던 분이 이제
는 수업 때 가장 많은 의견을 내놓을 만큼 자기 역량에 대한 신
뢰감이 확실해졌다. 이분을 보고 다시 느꼈다. 장애학 프로그램
이 지닌 장애인 당사자의 내적 치유 효과를 말이다.

시카고에서도 장애가 있는 친구들끼리 장애학 개론을 들으면

서 서로 힘들다고 했던 적이 있다. 그러나 시간이 흐르고 저마다의 장애가 심리적으로 수용되고 난 후, 우리는 한결 가벼운 마음으로 학교 수업을 듣고 서로의 경험을 나눌 수 있었다. 그리고 댄스파티를 벌이기도 했다. 장애학과에서 공부한 지 1년 정도 되었을 무렵, 그냥 친구들끼리 벌였던 댄스파티였다. 음식을 준비하고, 다양한 국적의 장애를 가진 친구들이 모두 모였다. 장애학의 그 무슨 요인이 장애 학생들을 하나로 엮었을까? 장애인들 사이에 끼어 있는 것이 우울을 증폭시킨다고 했던 사람들이 장애인들이 많이 모인 그곳에서 특유의 몸짓으로 저마다의 댄스파티를 즐기던 장면은 아직도 기억에 생생하다. 아마도 그들을 묶은 것은 장애로부터의 심리적 해방감이었을 것이다.

　현재, 한국에 장애학 전공은 없지만, 장애학 프로그램을 일종의 역량 강화 차원에서 장애인 복지 영역에 활용해도 좋을 듯하다. 장애인 당사자들은 그 속에서 학문함을 통해 자신을 보다 잘 이해하게 되고, 자기 치유의 경험도 하게 될 것이다. 장애학에 사회적 모델 외에 남는 게 무엇이냐고 다시 묻는다면, 장애학이 날 자유롭게 했다고 답하고 싶다. 스스로에 대해 좀 더 행복해지고 가벼운 마음으로 자신을 대하게 된다는 것이다. 장애학은 그렇게 나를 다독이고 내적 힘을 길러 주는 학문인 것이다.

장애학도로서, 사회를 잊지 마.

앞에서 장애학은 장애에 대한 기존의 관점을 바꾼 학문으로, 장애인 당사자들이 그것을 통해 자기 치유를 경험하기도 한다는 내용을 다루었다. 이 글에서는 우리 사회가 갖고 있는 장애학에 대한 오해들을 하나씩 살펴보고, 장애학을 공부하는 학도로서 또한 장애인 당사자로서 앞으로 어떤 생각을 중심에 둘 것인지를 적어 보고자 한다.

장애학에 대해 들어본 적이 있는지를 물으면, 어떤 이들은 장애학이 대학교 형태의 특수교육을 의미하는 것으로 생각한다. "고등학교까지는 특수학교가 있는데, 대학교에는 특수교육이 없었군요. 장애학이라는 전공이 그러니까 대학 교육으로 이루어지는 특수교육인 거죠?" 잘 모르는 이들의 장애학에 대한 이해는 이런 상태에 처해 있다. 알려지지 않았으니, 이런 오해를 하는 것은 당연한 일일 것이다. 그러나 개인적으로는 안타깝다. 여성학이나 노인학에 대해서는 알거나 들어본 적이 있으나, 장애학은 모른다. 심지어 이처럼 대학교에 있는 특수교육이라고 생각하면서, 장애인은 무언가 부족하거나 특별한 존재로서 따로 교육을 받아야 한다고 생각하는 것이다. 세상이 변하는 속도만큼 사람의 생각이 달라지는 것은 아닌 것 같다. 핸드폰 버전이 업그레이드 되는 속도로 장애인에 대한 생각이나 태도도 달라졌으면 좋겠는데, 아직 대부분의 사람들은 장애인에 대해 평소에 별로 생각해 보지 않거나, 어쩔 수 없는 소수의 약자로서만 대한다. 그렇다 보니, 이렇게 학문적인 영역에서조차도 "장애"라는 이슈는 무시되고 장애학에 대해서는 오해를 하는 것이다.

또한 장애학은 사회학의 일부가 아니냐는 오해를 받기도 한다. 그동안 한국에 소개된 장애학은 영국의 리즈 대학에 있는 장애학자들이 개척해 온 사회학적 장애학이었던 것이 사실이다. 그러나 특정 국가의 특정 대학의 색깔이 장애학 전체를 대변할 수는 없다. 전 세계 여러 나라에서 장애학이 하나의 전공으로 개설되면서, 각 학교마다 다양한 색깔의 장애학이 생겨나고 있다. 어떤 교수들이 장애학을 시작하느냐에 따라 그 색깔이 결정되는데, 일리노이 주립 대학에는 재활 분야나 공학 분야, 심리학, 정책학, 문화와 역사, 철학이 골고루 그 배경을 이루고 있다. 또한 시라쿠스 대학은 장애인 교육에 초점을 맞춘 장애학적 성향을 보인다고 들었다. 장애학의 역사가 짧기 때문에 어떤 사람들이 장애학을 만들어 가는가에 따라서 그 학교의 장애학의 색깔이 달라지는 것이다. 한국에 소개된 장애학 번역 서적들이 다소 문화인류학적, 사회학적 성향을 갖고 있으나 그것이 장애학의 전부로 오해되어서는 안 될 것이다.

그리고 "장애학은 장애인만이 하는 분야가 아닌가?" 하는 오해가 있다. 사실 비장애인인지 장애인인지가 연구나 학문의 영역에서 그리 중요하지는 않은 것 같다. 장애와 사회에 대하여 무엇을 어떻게 연구하는가에 따라서 장애학이라는 이름이 붙은 것이지, 장애인들이 하는 공부라서 장애학이 된 것은 아니기 때문이다. 다만, 장애인 연구자들의 경우 삶의 경험들이 연구의 개성과 깊이를 더할 수 있는 것은 사실이다. 미국의 일리노이 주립 대학의 장애학과에도 장애 학생과 비장애 학생의 비율은 50대50 정도로 나타난다. 장애학이라는 분야가 다른 영역에 비해 장애인들이 상대적으로 많을 뿐이지, 장애인들만이 진입해 있는 분야는 아닌 것이다. 또 한 가지 덧붙이고 싶은 말은, 장애학적 관점에서는 모든 사람이 장애인일 수도 있고, 모든 사람이 장애인이 아닐 수도 있다. 의료적 기준으로 장애인 등록이 되어 있는가의 비율로 보았을 때, 50대50일 뿐인 것이다. 즉, 장애학은 앞의 글에서 다루었듯이, 인간학이므로 누구나 연구하고 공부할 수 있는 분야이다.

그 밖에도 장애학에 대해서는 아직 다양한 오해들이 있다. 예를 들면, "장애학은 매우 성경적인 학문일 것 같다"는 말을 듣기도 했는데, '장애인을 사랑으로 대한다는 의미에서 그분은 그렇게 이야기한 듯했다. 그러나 사실 장애학자들은 사랑이나 자비심과 같은 종교적 입장에 대해 노코멘트 내지는 비판적인 태도를 취한다. 종교는 사회의 운영 방식을 지지하고 사회의 주류 가치를 재생산해 내는 자본주의의 도구로 전락했다고 비판하면서, 오히려 반종교적인 입장을 보이기도 한다. 물론, 장애학 내에서도 종교를 해석하는 입장은 다양하나, 사회복지의 영역만큼 친종교적이지는 않은 듯하다. 사회복지 영역의 경우, 특정 종교를 바탕으로 실천이 이루어지는데 반하여, 장애학은 이러한 기존의 복지 실천 방식을 비판하는 입장이기 때문이다.

재미있고 다행인 것은, 내가 장애학에 대한 특강을 할 때, 비판적이고, 관점의 전환을 주장하며, 저항하는 학문인 장애학에 대해, 사람들이 거부하지 않는다는 점이다. 동글동글한 얼굴과 날이 서 있지 않은 목소리 덕분인 것 같다. 매우 비판적인 이야기를 해도, 사람들은 "따뜻한 강의 감사했습니다"라고 반응한다. 사람들은 메시지를 듣는 것이 아니라 이미지를 듣나 보다. 장애학적 관점을 사람들이 거부감 없이 이해하고 그 필요성과 정신에 동의하도록 하는 것이 어쩌면 나의 사명이라는 생각도 든다. 장애학에 대한 오해도 오히려 고맙다. 관심이 있으니 오해도 하는 것 아닐까 하며 희망을 가져본다. 느리더라도 세상도, 사람들의 생각도, 관점도 변할 것이라고 말이다. 그 변화에 나는 작은 한 점을 찍는 정도의 역할이라도 하고 싶다.

최근, 어떤 장애학도가 될 것인가를 고민하면서, 생각난 두 사람이 있다. 미국인 동료 카를로스와 대학교 때부터 알고 지내온 이익섭 교수님이다. 두 사람 모두 지금은 이 세상 사람이 아

니기에 더욱 생각난다. 지난 주말, 장애학과에서 함께 박사 과정에 있었던 카를로스라는 친구가 심장마비로 죽었다는 소식을 접했다. 수업 시간에 항상 사회에 대한 저항 정신을 잃지 않던 친구였다. 그녀는 언젠가 이런 말을 한 적이 있다. "난 흑인이고 장애인이다. 그리고 여자이고 가난하다. 게다가 쉰이 넘어, 늙어 가고 있기까지 하다." 장애는 인종과 빈곤의 문제와 결합되어 있기에, 흑인 빈곤 여성 장애인으로서, 나이가 들어가면서 사회로부터 더 소외된다는 그녀의 삶에 근거한 메시지는 매우 큰 울림으로 다가왔었다. 그녀는 항상 "그럼에도 살아가고 또 저항한다"는 이야기도 덧붙였다. 건강을 잃어 가면서도 계속 학업을 이어 나가고 자립생활센터 일도 하던 그녀의 의지는 바로 이러한 사회 변화를 위한 저항에서 연유했으리라 생각한다. 그녀의 말과 생각, 또 표정이 잊히지 않는다.

그리고 또 잊을 수 없는 한마디가 있다. 이익섭 교수님께서 돌아가시기 한 달 전쯤, 결혼식 주례를 부탁하고자 전화를 드렸다. 건강이 나빠진 데다가 해외 학회까지 잡혀 있어서 주례를 할 수 없다면서 이런 말씀을 해 주셨다. "네 신랑을 만나서, 꼭 얘기해 줘야 하는데… 대단한 신붓감을 모셔 가는 거라고 말이야…. 앞으로 연구하고 공부하는 데 있어서 Society(사회)를 잊지 마라." 나의 개인적 삶과 학문하는 사람에 대한 이야기를 모두 해 주셨다. 그리고 신혼여행을 다녀오니, 친구들로부터 연락이 왔다. 돌아가셨다고 말이다. 장례식장에 다녀온 후 가끔 교수님의 마지막 말씀이 기억난다.

마지막으로 뵈었을 때에도, 지금 바뀌어야 하는 것은 '사회'라고 강조하셨다. 내가 장애 여성으로서, 장애인의 정체성이나 심리적인 것의 연구에 관심을 두고 있다는 것을 아시고, "장애에 대한 무엇을 연구하든, Society를 잊지 말아야 해"라고 하셨다. 심리적인 부분을 다루다가 사회 변화를 위한 연구들을 놓칠까 봐 염려하셨던 듯하다. 장애학에서 그토록 강조하는 사회적 모델에 대한 이야기였으나, 당시에 장애학에 새롭게 눈뜨고 계신 교수님의 표정에서는 미국의 장애학자들의 눈에서 읽기 힘든 결연함을 볼 수 있었다. 한국의 장애계에서 큰 별이 되신 교수님이 이 땅을 떠난 지도 다음 달이면 만 2년이 된다. 저항한다는 카를로스의 말도, 사회를 잊지 말라는 교수님의 당부도 꼭 마음으로 기억할 것이다. 사회의 구조와 질서를 새롭게 짜는 것이 중요하다는 그들의 이야기를 다시 생각해 보며, 장애학에 대한 오해들을 없애고, 장애학적 관점이 사회의 기초에 당연하고 자연스레 스며들게 될 그 때를 상상해 본다.

전쟁과 장애, 역사의 아이러니

어린 시절, 여름방학과 겨울방학 때면 늘 시골 할머니 댁에서 시간을 보냈다. 맞벌이를 하시던 부모님의 선택이었지만, 지금은 유년시절 대부분의 좋은 기억들이 이 시골에서의 추억과 연결되어 있는 것 같다. 그중 좀 특별한 것이 있다면, 우리 할머니 댁의 지리적 특성이다. 경기도 파주, 휴전선이 보이는 마을, 전쟁의 아픔을 그대로 간직한 임진각을 지나 한참을 더 북쪽으로 가야만 만날 수 있는 조그만 마을들이 있다. 달이 아름다운 마을이라고 이름은 가월리, 그 옆은 붉은 달이 뜨는 마을인 주월리이다. 친할머니가 사시던 가월리와 외할머니가 사시던 주월리는 어린 시절에 종횡무진 뛰놀던 나의 놀이터였다.

이곳이 여느 시골과 다른 점이 있다면 군사지역의 특성을 지닌 곳이라는 점이다. 훈련 받는 군인들도 언제든 볼 수 있었고, 문간방에는 직업군인 부부가 세 들어 살고 있기도 했고, 뒷동산에 올라가면 벙커나 전시를 대비해서 주민들이 개미굴처럼 파

놓은 동굴들도 있었다. 이런 환경들은 이제 30대 초반인 내게 마치 전쟁 직후에 유년기를 보낸 듯한 색다른 경험들을 만들어 주었다. 남북 분단이라는 것이 학교에서 말하는 지식적 차원의 이야기가 아니라 현실이라는 것을 늘 느꼈다. 그곳은 밤마다 북한 방송이 들렸다. 하루 한 번씩 쌕쌕이라는 정찰기도 매우 소란스럽게 마을을 훑고 지나갔다. 논밭 일을 하다가 쌕쌕이가 뜨면 굽은 허리를 펴고 하늘을 올려다보던 할아버지의 모습이 떠오른다. 그곳은 할머니 말을 안 들으면 중공군이 내려온다며 아이들을 도닥이기도 했던 그런 마을이었다. 늘 전시 상황처럼 군인들이 오가던 곳, 그러나 나에겐 무섭기보다는 마냥 재미있던 시골이었다. 20여 년이 흐른 지금도 그곳은 크게 달라진 것이 없다. 근처에 골프장이 들어선다고도 하고 산업 시설들이 들어온다고도 하지만, 전쟁의 기억을 고스란히 간직하고 있고, 그것이 사람들의 삶에 여전히 영향을 미치고 있다는 점에서는 크게 달라진 것이 없다. 지뢰가 많은 지역이라서 나무를 하러 갔다가 다리를 다쳤다는 분들의 이야기가 들리며, 남북관계에 따라 동네는 순식간에 삼엄한 경계 태세에 돌입하기도 하는 그런 시골 마을이다. 역사의 한 장으로 기록된 전쟁은 아직도 사람들의 가슴과 기억 속에 살아 있고, 전쟁을 경험하지 못한 후세대들에게도 이렇게 영향을 미치는 것 같다.

　장애학을 공부하면서, 전쟁이 장애 이미지에 미치는 영향과 관련된 논문을 읽은 적이 있다. 그때 나의 유년시절의 기억과 오늘날까지도 지뢰로 인해 장애를 갖게 되는 시골 마을이 떠올

랐다. 전쟁은 장애를 직접적으로 유발하는 명백한 원인이다. 또한 전쟁이 끝난 후에도 그 후유증으로 사람들이 겪는 정신적·신체적 고통은 매우 크다. 그러나 참으로 아이러니한 것은 전쟁이 장애의 이미지를 긍정적으로 바꾼다는 것이다. 전쟁이 절대로 어떤 이유에서도 일어나서는 안 되겠지만, 지난 전쟁의 역사를 보면, 전후에 장애인에 대한 사회적 인식이 좋아지고 장애인 복지도 많이 향상된 것을 볼 때, 전쟁이 장애에 미치는 긍정적인 영향은 분명히 있다. 일부에서는 장애인이 된다는 것 자체가 불행인데, 특히 전쟁으로 인해 많은 사람들이 죽고 다치고 평생 장애인으로 살게 되는데, 그게 어떻게 장애인의 삶에 긍정적이라 평가할 수 있느냐고 반문하겠지만, 객관적으로 전쟁이 기존 사회가 가진 장애 이미지를 바꾸는 것은 사실이다. 장애인들에 대해 가엾게 여기던 사회적 이미지가 전부 없어지는 것은 아니지만, 참전으로 장애를 가지게 된 분들에 대한 사회적 경외심이 생겨나고, 동시에 이들에 대한 사회적 보상과 예우가 이루어지면서, 장애인 복지의 역사는 새로운 장을 맞게 된다. 특히, 누구나 장애인이 될 수 있다는 것을 전 사회가 깨닫는다. 즉, "장애의 보편화" 또는 "장애의 대중화"라고나 할까? 사회적 소수이자 능력이 결여된 사람으로 치부되던 이들이 더 이상 소수도 아니며, "마땅한 사회적 보상을 받아야 하는 장애인"으로 인식되는 것이다. 물론 장애인에 대한 사회적 보상 수준은 보통 장애인과 참전으로 인한 장애인에게 다르게 적용되고 있지만 말이다.

실제로 전쟁 후에 장애인들의 사회적 지위나 삶이 보다 나아진 역사적 사례도 있다. 미국의 경우, 제2차 세계대전을 치르면서 남성 비장애인들이 전쟁에 참여하는 동안, 여성과 장애인들은 그들이 일했던 노동시장의 자리를 차지하였다. 시장 내의 인력이 부족해지자, 여성과 장애인들에게도 일할 기회가 왔던 것이며, 이들의 생산성과 노동시장 내에서의 역할이 재평가되기도 하였다. 전쟁 이후에 남성 노동자들이 다시 시장으로 돌아왔지만, 장애인들은 이미 자신들이 시장에 "기생"하는 것이 아니라 "기여"할 수 있는 존재라는 것을 자각하였고, 그때부터 노동청이나 정부 당국에 대하여 끊임없이 노동의 기회를 보장해 달라는 요구를 하게 되었다. 전쟁 이후 참전 장애인들에 대한 보상이 이루어지고, 뒤이어 일반 장애인들에게도 사회보장제도가 확대 실시되었다. 이는 다른 이유로 장애인이 되었지만 같은 장애를 가진 사람들에 대한 사회적 형평성 문제가 고려된 것이기도 하였고, 장애인들의 "자립"에 대한 경험과 "직업 보장에 대한 열망과 자신감"이 낳은 결과이기도 했을 것이다.

　그러나 전쟁이 장애인의 이미지나 사회적 지위에 긍정적인 역할을 했다고 해서, 그것을 찬양할 수는 없다. "장애학적 관점에서 다시 읽는 전쟁 이야기"와 같은 주제로 이야기할 때나 위의 이야기들을 할 수 있을 것이다. 개인적으로, 인류 역사에서 가장 큰 비극은 전쟁과 영양실조라는 생각이 든다. 아프가니스탄이나 앙골라와 같은 제3세계에는 인구 1인당 2개의 지뢰가 매설되어 있다고 한다. 전쟁이라는 물리적 충돌이 끝났다고 해서,

우리의 기억과 역사 속에서도 그 흔적들이 지워지는 것은 아니다. 후세에도 끊임없이 영향을 미치고 있는 것이다. 지뢰밭이 근처에 있는 줄도 모르고, 또 개미굴처럼 파놓은 방공호가 놀이터라 생각하고 뛰놀던 나의 어린 시절도 그 가슴 아픈 역사의 흔적이 아닐까 한다.

이라크의 평화운동가 수하드 아줌마가 2003년에 우리나라를 방문했을 때, 유학 전에 시간이 되어 한 달간 같이 전국을 돌면서 모금 활동을 한 일이 있다. 제주에서 서울까지 한 달간 모금 활동을 벌였는데, 바그다드에 평화의 집을 만들고 여성과 아동을 위한 쉼터를 세웠다고 나중에 전해 들었다. 평생 3번의 전쟁을 치른 그 아주머니는 이런 얘기를 했다. "우리에게 전쟁이란 언제나 일어날 수 있는 일이다. 그렇기에 두렵지는 않다. 언제 어디서나 죽을 수도 혹은 장애인이 될 수도 있다고 생각한다. 하지만 우리에겐 전쟁보다 더 강한 일상이 있다. 그 일상이라는 것은 살아 숨 쉬는 사람 누구에게나 가장 혹독한 것이며, 장애인이든 아니든, 살아남는다는 것은 전쟁을 계속 겪는 우리에겐 가장 강한 것이기도 하다. 그래서 전쟁도, 장애도 두렵지 않다. 미사일이 날아오면 지붕 위에 올라가 어디에 떨어지는지 쳐다보곤 한다. 그게 전쟁보다, 장애보다 강한 우리의 삶이고 일상이다." 전쟁이 잦은 나라에서는 '살아가는 일'도 '장애인이 되는 일'도 모두 삶을 이어 간다는 차원에서 생각할 뿐이고, 언제나 일어날 수 있는 일이라는 것이다. 장애인이 된다고 해서 특별히 가여울 것도 없다. 언제든 죽을 수도 있기 때문에, 장애인이고 아니고는 중요하지 않은 것이다. 그녀의 말을 들으면서, 장애에 미치는 전쟁의 역할이 긍정적인가 아닌가를 떠나, 전쟁은 사람을 참으로 피폐하게도 강하게도 만든다는 생각을 했다.

전쟁이 장애에 대한 대중의 인식을 바꾸는 것은 역사의 아이러니가 아닐까? 그런데 전후 60년이 지난 한국의 휴전선 근처 마을 사람들도 장애에 대해 후진적인 태도를 보이는 것을 보면, 전쟁으로 인한 장애에 대한 인식 전환도 그냥 일시적인 현상은 아닐까 하는 생각을 해 본다.

장애 이미지를 새롭게! 장애 자부심에 대하여

장애인에 대한 사회의 지배적인 이미지는 비정상적인 존재, 비장애인보다는 못한 존재, 혹은 많이 아픈, 가여운, 그리고 사회와 가족이 보호해야 할 대상일 것이다. 또한, 때로는, 이러한 장애인이 사회적으로 성공하였을 때, 우상화되기도 한다. 그리고 장애인에 대한 이러한 이미지를 고착시키는 작업은 여러 대중매체를 통해서, 또 학교나 가정의 교육을 통해서 더욱 강화된다. 드라마나 영화 속에 나타난 장애인의 이미지나, 뉴스나 신문에서 들려주는 성공한 장애인의 영웅담은 우리 사회가 장애인을 어떻게 바라보고 있는지를 여실히 드러내 주는 대목일 것이다. 그리고 가정에서는 아이들에게 불쌍하고 가난한 사람을 돕는 어른이 되라면서 장애인을 도움을 받는 대상으로만 인식시키기도 하고, 때로는 엄마 말을 안 들으면 너도 저 사람처럼 된다면서 훈육을 위한 협박 도구로 장애인을 활용하기도 한다. 또한, 아이러니하게도, 팔다리 없는 사람도 하는데 나도 할 수 있다는 생각을 하게 만드는 희망의 증거가 되기도 한다.

영웅이 되기도 하고 바보가 되기도 하는 이런 장애인의 이미지를 바꾸기 위한 시도들이 많다. 그중 대표적인 것이 장애 자부심(Disability Pride)의 개념이다. 이는 장애인이 자신의 장애를 하나의 개성이자 자부심의 대상으로 생각할 수 있지 않겠느냐는 것이다.

이 개념을 처음 접한 것은 미국의 한 거리 행사에서였다. 장애학과 친구들이 그 거리 행사에 아시아에서 온 나도 참여하라고 했을 때, 신기한 행사로 여겼다. Disability Pride라는 현수막을 만들어, 마치 놀이동산에서 세계 문화 축제 퍼레이드를 벌이듯이, 자동차를 타기도 하고 걷기도 하며, 수많은 장애인과 비장애인들이 재미있는 복장을 하고 어우러져서 가두행진을 하는 행사였다. 장애와 자부심(Disabled and Proud)이라는 모임이 주최하는 이 행사는 Disability Pride를 내세워 장애인 스스로 자신의 장애를 사랑하라고 권한다. 그들의 의견을 보면, "장애 자부심은 우리의 신체적·정신적·인지적 부분에서의 다름이 잘못된 것이 아니라는 생각에서 출발하는 것으로, 인간으로서의 위엄과 자부심을 갖는 것이다. 우리의 장애가 다양한 사람의 모습 중의 일부로서 자연스러운 것이라는 우리의 믿음을 공표하는 것이고, 장애에 낙인을 찍는 사회구조에 대한 도전이며, 오랫동안 장애 억압적인 사회가 규정한 장애에 대한 부정적인 태도와 믿음과 느낌들로부터 우리 자신들을 자유롭게 하려는 시도인 것이다"*라고 밝히고 있다.

나는 사실 이런 내용을 듣고 접하면서, 장애 자부심에 대하여 스스로 인정하기 힘들었다. 장애와 자부심, 너무나 어울리지 않는 단어의 결합이 아닌가? 그 누가 "너의 장애는 정말 멋있고 부러운 대상이야"라고 말해 준 적도 없으며, 자부심을 가져 볼 만한 것이라 생각할 여지가 조금도 없다고 느꼈기 때문이다. 미국인 친구들과 세계 각지에서 온 장애인 친구들에게 물었다. 너희는 정말 장애에 자부심이 있고, 네가 장애인이기에 더욱 자신이 자랑스럽기까지 하느냐고. 순간 모두가 조용해졌다. 장애 관련 퍼레이드를 하자고 할 때는 즐거워했는데, 자신의 문제로 돌려서 다시 물었더니 누구도 선뜻 답을 못하였다. 그 친구들 역시 장애에 대하여 영웅시하거나 열등하다고 보는 우리네 사회와 크게 다르지 않은 환경에서 커 왔기에 장애 자부심을 주장하기가 쉽지 않았을 것이다. 시간이 흐르고, 우리는 모종의 뜻을 모았다. '우리 세대부터라도 장애 자부심이 있다고 하자'고 말이다. 우리가 장애 자부심이 없다고 느끼는 것은 우리가 그것이 없다고 배워 왔고, 우리 사회가 단 한 번도 장애가 아름답고 자랑스러운 것이라 가르친 적이 없기 때문이라고 의견을 모았다. 일종의 음모가 될지도 모를 일이지만, 후세대 장애인들은 장애가 좋은 것이라고 느끼고 살 수 있도록 일을 꾸며 보자고 하면서, 서로 침묵했던 입을 열고, 새로운 가치관을 만들어 나가는 데 동참하기로 했다. 그래서 누군가 나에게 장애인이 된다

---

* Triano, S.(2006), Disability Pride. In G. Albrecht(ed.), *Encyclopedia of Disability*, Thousand Oaks, CA: SAGE Publications, Inc., pp. 477-554.

는 것은 어떤 것이냐고 묻는다면, 이제는 이렇게 답한다. "니들이 장애를 아느냐. 얼마나 어려운 삶인지…"가 아니라, "니들이 장애를 아느냐. 얼마나 좋은지…"라고 말이다. 그러면 아마도 사람들은 장애에도 무언가 좋은 것이 있나 보다고 궁금해 하게 될 것이고, 시간이 흐르면 좋은 것으로 믿게 되지 않을까?

흑인 인권 운동의 역사를 보면, 흑인임에 대한 자부심을 논한 것이 그 시작이었다고 한다. 마틴 루터 킹 목사는 "우리의 마음이 노예 상태에 있는 이상, 우리의 몸 역시도 자유로울 수 없다"고 하였고, 말콤 엑스도 "흑인임을 사랑하자"고 주장했다. 그는 "흑인이 정신적으로 새로 태어나기 위해서는 정신 깊숙이 자리하고 있는 인종적인 자기혐오로부터 스스로 탈식민화해야 한다"고 했다. 이들의 주장과 마찬가지로, 장애인인 우리 스스로 부정적인 장애인관으로부터 벗어나고, 장애인임을 사랑하고, 마음 깊숙히 내재된 장애 억압으로부터 벗어나는 일은 장애 인권 회복을 위한 지름길이자, 후세대 장애인들이 보다 행복하게 살 수 있는 환경을 만들어 주는 과정일 것이다. 흑인들의 경우 가족 전체가 공통적으로 흑인이라는 정체성을 공유할 수 있는 것과는 달리, 장애인의 경우 가족 내에서 자신과 같은 정체성을 갖고 유대감을 나눌 수 있는 상대를 찾기는 쉽지 않다. 부모와 형제자매가 가족이라는 유대감은 있으나, 같은 장애인으로서의 유대감을 나누기는 어려우므로, 장애 자부심 퍼레이드 행사를 비롯하여 장애인들의 연대나 모임은 장애인들이 공동체성을 경험할 수 있는 좋은 기회라 여겨진다.

　장애 자부심, 그것은 앞으로 장애를 경험할 많은 미래의 새싹들과, 중도 장애인들과, 장애인 가족들이 심리적 해방감을 경험할 수 있는, 장애 패러다임의 변화를 요구하는 전도사라고 말하고 싶다. "장애에 대한 자부심을 갖자"는 Disability Pride는 시대의 변화를 요청하는 장애인들의 외침이고, 스스로를 억압하던 마음의 식민지 상태에서 벗어나 자유로이 자신의 장애를 사랑하게 되는 심리적 해방의 탈출구인 것이다. 장애 억압으로부터 벗어나 긍정적인 장애 정체성을 확립하고 장애 자부심을 갖는다면, 우리 이후의 장애 후세대들에게는 멋진 장애 문화, 아름답고 자랑스러운 장애 문화의 역사를 가꾸어 물려줄 수도 있지 않을까? 장애 박물관이 없는 이유도 장애를 후세대에 알릴 자랑스러운 것으로 여기지 않았기 때문일 것이다. 지금 시작되는 장애 자부심이 훗날 자랑스러운 장애 · 역사 · 문화 박물관을 세우게 될지도 모르겠다.

장애, 축제를 벌이다:
시카고 광장과 서울광장의 하루

　오늘은 시카고에서 매년 열리는 행사인 장애 자부심 퍼레이드(Disability Pride Parade)에 참가했다. 학과 동료들과 함께 거리 행진을 했고, 또 시내 광장에 모여서 행사 천막을 치고 하루를 보냈다. 최근 몇 년간 서울광장에서 열린 장애인의 날 기념행사와 유사한 모습이었다. 작년에 서울광장에서 열린 행사 때는 크라잉 넛과 같은 가수들이 무대에 올랐는데, 시카고 광장의 행사에서는 여러 장애인 단체들이 직접 무대에 올라가 노래도 하고 공연도 한다는 것이 다를 뿐이었다. 한 명의 행사 참가자로서, 서울광장의 행사를 떠올리면서 시카고 광장에서 보낸 오늘 하루 동안 느꼈던 점들을 나눠 볼까 한다.

　연예인의 무대 vs. 장애인의 무대
　안면 장애를 가진 6살 정도의 여자아이가 행사장 한가운데 있는 무대 위로 올라왔다. 주변이 시끄러워서 잘 들리지 않았지

188

만, "우리 엄마는 나를 정말 많이 사랑해요"라고 큰소리로 말하면서, 자신의 가족을 한 명씩 소개하는 모습이 인상적이기도 했다. 한국의 경우, 무대는 주로 연예인들의 자리로 인식되는 데 반해서, 여기서는 가족적인 분위기의 무대를 만들려고 하는 듯했다. 장애인 당사자 중심으로 무대를 꾸미는 것과 연예인 중심으로 무대를 꾸미는 것 중에서 어떤 것이 낫다고 판단하기는 어렵다. 연예인으로 인해서 일반 시민들의 관심을 좀 더 유도할 수도 있기 때문이다. 하지만, 앞으로 서울광장에서 유사한 행사가 매년 열린다면, 연예인들만으로 이루어지는 무대보다는, 장애인 당사자들의 무대도 연예인 무대 못지않게 멋지고 많은 이들이 관심을 가질 수 있게 만들 수는 없는지 고민해 보았으면 한다.

축제로 풀어내는 투쟁

부채나 연필 등을 나누어 주는 곳이 많았다. 연필에는 "장애, 다시 생각해 보기(Rethinking Disabilities)"또는 "장애, 다시 쓰기(Rewriting Disabilities)"라고 새겨져 있었고, 부채에는 "장애 인권을 위한 투표를 하자(Vote for Disability Right)"라고 적혀 있었다. 장애인들의 주거시설 보장을 위한 투쟁이 필요하다고 서명 운동을 하는 피에로도 있었고, 장애인들이 원하는 사회 변화를 위한 메시지들이 곳곳에서 눈에 띄었다. 내용은 한국의 장애 인권 단체들이 투쟁할 때 내세우는 것과 크게 다르지 않았으나, 전달 방식이 달랐다. 문화적인 차이가 있을 것이고, 호소의 효과에 있어서도 차이가 있을지 모르겠지만, 축제로 풀어내는 그들의 투쟁 방식이 흥미로웠다. 언젠가 거리에서 만난 노숙인이 "오늘은 내 생일이에요(Today is my birthday)"라는 피켓을 들고 있어서 그냥 지나칠 수 없었는데, 축제로 풀어내는 장애인들의 투쟁 방식이 위트 있는 노숙인의 피켓을 보았을 때의 그 신선한 느낌과 닮은 그런 전달 방식으로 보였다. 『약자들의 무기(Weapons of the weak)』라는 책에서는 장애인이나 노숙인과 같은 사회적 약자들의 복지에 대한 욕구는 일종의 저항이라고 했다. 일부의 사회적 약자들은 총기 난사 등과 같은 사회에 위협적인 행위를 하거나 남의 물건을 훔치는 식으로 저항하기도 하지만, 여기 시카고에서 축제로 풀어내는 이 장애 자부심 거리 행사는 장애인의 삶의 무게를 한층 위트 있고 즐겁게 담아내는 독특한 저항 같았다. 저항의 방식이, 복지와 인권에 대한 요구가 축제라는 그릇에 담겨 전달되고 있었다. 무엇이 더 좋다고 단언할 수는 없다. 사회 변화를 위한 투쟁을 축제로 전달할 때, 그 저항의 힘은 다소 약해질지도 모르기 때문이다. 한 미국인 친구는 이런 축제는 저항이 아니라고, 좀 거칠고 뜨거운 저항을 하고 싶다고 말하기도 했다. 하지만 다양한 방식으로 사회 변화를 위한 장애인들의 목소리를 내는 것이 중요하다고 생각한다. 축제로 풀어내는 투쟁도 그 모습 중에 하나일 것이다. 미국의 장애인이든 한국의 장애인이든 그들의 삶이 좀 더 가벼워졌으면 좋겠다.

장애인 복지적인 vs. 장애학적인

시카고의 행사가 장애학적 다양성에 기초한 행사라면, 서울 광장에서 열렸던 행사는 어느 정도는 장애인 복지와 인식 증진을 위한 행사로서, 각각의 색깔이 약간 다른 듯하다. 우선 행사가 내세우는 이름이 다르다. "장애 자부심 행진의 날"이라는 말과 "장애인의 날 기념행사"가 다르게 다가온다. 우리도 좀 더 의미를 부각시키는 행사명을 붙였으면 하는 바람이다. 물론, "희망서울 누리축제"라는 이름을 붙이기도 하지만, 대부분의 사람들이 장애인의 날 기념행사로 기억하기 때문에, 전체 행사명을 바꾸면 어떨까 한다.

또한 참여하는 단체들도 약간 다르다. 장애 자부심 퍼레이드에는 시카고에 있는 다양한 장애 관련 기관들이 참여한다. 그런데 장애와 관련이 깊지 않은 단체도 함께 참여하는 분위기였다. 미국자유연대라는 이름을 가진 시민단체나 유대인 가족 모임처럼 "장애"를 단체명에 붙이지 않은 이들도 함께 하고 있었다. 장애인 대학생 모임도 천막 하나를 차지하고 있었다. 서울 광장에서 행사를 치를 때는 주로 복지 기관이나 관련 단체들이 주축으로 참여하는 것으로 보였는데, 시카고의 경우에는 작은 풀뿌리 조직들이 참여하는 듯했다. 덕분에 한국의 행사가 좀 더 세련되고 잘 짜인 느낌이었다면, 시카고의 행사는 좀 투박한 시골 장터 같은 느낌이었다.

행사장에는 여러 기관들의 부스가 나열되어 있었다. 흰색 천막이 줄지어 서 있는 그곳에는 물건을 파는 곳도 있었다. 박람

회장을 연상케 하는 그 모습은 서울이든 시카고든 마찬가지였다. 그러나 두 행사장에서 진행되는 게임을 보면 그 차이가 또한 느껴진다. 오늘 방문한 장애 자부심 행사에서는 다트를 던져서 맞추면 상품을 주는 곳이 있었는데, 과자나 빵, 컵 등을 주고 있어서인지 많은 사람들이 줄 서서 차례를 기다렸다. 다트 게임 근처에는 "장애 자부심"이라는 메시지가 붙어 있었고, 사람들은 게임을 즐겼다. 반면, 한국에서는 퀴즈 풀기 등의 행사를 하는 부스가 있었던 것으로 기억한다. 장애와 관련된 다양한 퀴즈를 풀고 상품을 받는 곳이었던 듯하다. 장애에 대해 몰랐던 것도 알게 되고, 문제를 풀면서 장애 문제에 대해 고민해볼 수도 있는 프로그램인 것이다. 그러나 내용 면에서 살짝 아쉬운 점이 있었다. "장애 유형 15가지에 들어가지 않는 것은 무엇인가?" 하는 질문이 있었는데, 장애 유형을 일반 시민들에게 알리는 것이 과연 어떤 효과가 있는지 우선 묻고 싶다. 15개 장애 유형에 대한 고정관념을 갖게 할 수도 있지 않을까? 그보다는, "다리가 없는 패션모델이 현재 있다? 없다?" 또는 "한국에는 장애인차별금지법이 시행되고 있나?"와 같은 장애 인식 개선에 기여할 수 있는 문항들이 보다 많았으면 한다. '장애인 복지'보다 '장애인의 삶'에 초점을 맞춰 행사 준비가 이루어진다면, 더욱 풍성한 내용을 담아낼 수 있을 것이다.

일회성 소일지라도, 계속 되어야 한다.

그러나 이러한 장애 행사가 일회성이라고 하더라도, 또 복지를 강조하고 있다고 하더라도, 그 자체로서의 의미는 크다. 방에만 머물러 있던, 자신의 정체성을 찾기 힘들고 사회적 연대감을 맺기 힘들었던 사람들이 "난 장애인이다"라고 외치며 거리로 나오고, 나와 비슷한 사람들을 거리 행사에서 만난다는 것은 놀이공원에 가는 기분일 것이다. 장애인이 아웃사이더가 아니라 주인공이 되는 사회적 행사가 생각보다 많지 않다. 장애인 관련 행사는 복지 기관 내에서 소규모로 이루어지는 것이 대부분이기 때문이다. 많은 시민들이 오가는 곳에서 장애인인 자신을 알리는 것, 우리를 알리는 것은 그 자체로 행복감을 가져다 준다. 때문에 그 하루가 일회성 쇼로 보일지라도, 그 내용이 장애인 당사자를 주인공으로 한다면, 그리고 축제로 풀어내는 복지와 장애 인식 증진을 위한 투쟁이고 연대라면, 이미 그 의미는 충분하며, 그 쇼는 계속되어야 하는 것이다.

다문화, 인간 삶의 보편성과 특수성을 아우르는 말

최근 미국 전역을 들썩이게 하는 일이 벌어졌다. 가수 싸이의 노래 〈강남스타일〉이 전 세계에서 인기몰이를 하고 있다. 어떻게 한국어 가사에 대한 이해 없이, 세계 각국의 많은 이들이 이 노래를 즐겨 듣게 되는 걸까? 평론가들은 저마다 싸이의 노래가 사랑받는 이유를 설명한다. 대체로 인류의 보편적 공감을 얻을 수 있는 코믹함과 기억하기 쉬운 비트 덕분이라고 말한다. 평소에 가요를 즐겨 듣지는 않지만, 시카고 곳곳에서 흘러나오는 싸이의 노래를 대하면서 신기하기도 하고 즐겁기도 했다. 노래 가사를 번역해 달라는 친구들에서부터 다른 더 재미있는 노래를 찾아달라고 하는 친구들까지, 미국인 친구들의 한국 문화에 대한 관심은 〈대장금〉이 히트를 쳤을 때보다도 더 뜨거운 것 같다. 어떻게 이런 일이 가능한 걸까?

우리 삶의 보편성

답은 인간 삶의 보편성에 있다. 어느 곳에 살든지, 우리네 인생사의 유사함을 발견할 때마다 놀라게 된다. 서로 만나고 알아 가고 친구가 되는 것에서부터, 인간관계의 갈등이나 연민, 또 가족 간의 사랑과 어려움까지도, 참 많이 닮아 있다. 서양의 가치관은 우리와 많이 다를 것이라 생각하지만, 사소한 부분에서는 다를 수 있어도, 인간 삶의 보편성이라는 측면에서 보면 정말 똑같다. 장애학을 공부하면서 장애인의 삶을 들여다보지만, 결국 생각은 하나로 모아진다. 인권이라는 것은 인간의 보편적 삶, 즉 기본적 삶의 유지에 대한 권리이며, 장애인의 삶 역시도 비장애인과 똑같은 삶의 여정을 지난다는 것이다. 즐거울 때 웃고, 힘들면 울고, 태어나 자라고 배우고 세상과 관계를 맺고, 다시 돌아가는 시간의 여정은, 짧든 길든 또 그 삶의 모양새가 어떻든, 모두에게 주어진다.

다른 듯 같은 우리

그럼에도 불구하고, 우리들은 서로의 닮은 점, 서로 같은 사람이라는 데 주목하기보다는 서로 어디가 어떻게 다른지를 구별하고, 그 구별을 열등과 우월의 논리로 설명한다. 출신 국가에 따라서, 직업, 외모, 나이나 성별, 피부색, 종교, 장애 여부, 성적 지향 등등에 따라서 서로를 가른다. 특히 최근 한국 사회는 급속도로 다문화 사회로 진전되면서, 다문화 가족에 대한 편견과 같은 새로운 사회문제에 직면하고 있다.

다문화 가족이라고 하면 대체로 한국인과 외국인이 결혼하여 구성한 가족이라고 생각한다. 특히 외국인의 범주는 주로 동남아와 러시아 등 한국보다 경제력이 열세에 있는 국가의 여성들로 좁혀진다. 한국 남자와 동남아 여성의 조합을 쉽게 떠올리는 것이다. 그럼, 국제결혼 또는 국제 커플이라고 하면 어떤 이미지가 떠오르는지 다시 묻고 싶다. 아마도 상당수가 한국인과 백인의 조합을 떠올리지 않을까. 사실 국제결혼, 국제 커플, 다문화 가족은 같은 의미임에도 불구하고 어느새 우리들 머릿속에 다른 이미지로 자리 잡은 것 같다. 왜 그런 걸까? 사람이란 나와 다른 누군가를 구분 짓고 범주화하는 것이 본능인 걸까?

다문화, 그 용어의 본질적 의미

다문화라는 용어는 인종적 소수자에 대한 개념으로 국한해서 사용할 수 없을 것이다. 지구상에 발을 딛고 사는 사람 누구나 다문화의 일원이기 때문이다. 다양한 문화를 지칭하는 것으로서, 사실 특정 인구 집단에 사용하기에는 폭넓은 개념의 용어라고 생각한다. "다문화"라는 용어를 처음 접했을 때, 장애인과 비장애인을 가르는 용어를 대신해서 '다문화인'이라는 용어를 쓰면 괜찮겠다는 생각이 스쳐 지나갔다. 동시대를 살아가는 우리 누구나, 결국 서로의 입장에서 보면, 다른 삶의 방식을 가진 다문화인이기 때문이다. 인간은 저마다 보편성과 특수성을 지닌다. 보편적 인간으로서의 욕구와 저마다 갖는 개성에 기반한 특수성 말이다. 보편성에 근거한 정책을 펴되, 특수한 상황들로

인하여 차별 받거나 불이익을 당하지 않도록 하는 것이 다문화의 본질적 의미라면, 그 대상과 범주는 상당히 폭넓다고 할 수있다.

그럼에도, 우리네의 일반적인 생각과 복지 영역 종사자들이 대상자를 나누며 지칭하는 용어로서 다문화란 용어는 참으로 좁은 의미에서 사용되고 있다. 언젠가 한 사회복지사로부터 "우리도 이제 다문화 장애인을 위한 사회복지 정책이나 서비스 등을 준비해야겠어요"라는 이야기를 들었을 때, '다문화 장애인? 이 말은 누구를 지칭하는 것인가?' 하고 잠시 멍해졌던 적이 있다. 다문화 가족 중에 장애를 가진 사람을 다문화 장애인이라고 부른다는 복지사의 말에, "한국적 개념 표현 방식이구나." 하고 생각했다. 장애 정책 자체가 다문화 정책에 들어가는 것이 본질적으로 옳은 표현일 텐데, 다문화라는 용어를 특정 소수집단을 의미하는 용어로 사용하다 보니, 다문화 장애인이라는 특이한 지칭 명사가 생겨난 것이다.

장애와 다문화

현재 정책적으로도 다문화와 장애는 별개의 것으로 간주된다. 다문화 가족 중에 장애인이 있는 경우, 의도적이지는 않을지라도, 장애인 단체에서도 배제되고 다문화 가족 지원 센터에서도 배제되는 경향이 있다. 정책이나 행정뿐만 아니라, 학자들도 다문화와 장애의 이슈를 같은 맥락에서 고민하지 않는다. 연구 분야 자체를 논할 때, 장애인 분야 전문가와 다문화 가족 전문가로 확연하게 분야가 나누어진다. 하지만, 장애와 다문화는 결코 분리해서 생각할 수 없다. 사회적인 인식이라는 측면에서 둘 다 무관심 내지는 무시의 대상이 되고 있기 때문이다. 사회에서 다수가 지닌 보편적인 외모의 범주를 벗어나 뭔가 다른 외모를 갖고 있다는 점에서 장애인과 다문화 가족은 사회의 소수자로서 동일한 경험을 한다. 낙인, 차별, 편견, 고정관념, 억압, 배제, 고립, 착취, 폭력 등을 경험한다. 열등한 존재로 취급되고, 사회의 주변인으로 남는다. 이러한 점에서 소수 국적자들과 장애인은 공통된 삶의 경험을 하는 것이다. 그럼에도 불구하고, 현재 정책의 동향은 다문화와 장애를 별개로 취급한다. 특히 장애는 의료적 영역의 문제로 주로 고려된다.

　장애 이슈를 의료적인 영역의 문제로 국한시키지 말고, 다문화의 코드로 읽어 보자는 말을 하고 싶다. 장애인의 삶의 방식이 열등하거나 특별한 도움과 보호를 필요로 하는 극복의 여정으로 인식되는 것이 아니라, 다른 고유한 삶의 방식으로 인정되는 것, 다양한 문화로서 인식되는 것, 그것이 중요하다는 것이다. 동시에, 우리가 다문화 가족이라고 일컫는 가족과 당사자들에게도, 그들의 특수한 욕구가 다문화 가족이라는 편견을 불러일으키는 것이 아닌, 인간은 누구나 보편성과 특수성을 갖는다는 일반 대중의 인식 전환을 통해, 그들이 우리와 다르지 않음을, 만약 다르다면 문화적으로 다를 뿐임을 알게 하는 일이 필요한 것이다.

　다문화, 그 삶의 방식과 문화적 차이에 대한 인정은 서로를 알아
가면서 시작된다.

　가수 싸이의 〈강남스타일〉에 "커피 한 잔의 여유를 아는 여
자"라는 대목이 있다. 미국인 친구들은 "커피가 왜 여유를 의미
하느냐"고 되물어 왔다. 커피를 마시면, 각성이 되고, 잠을 깨
고, 일에 집중할 수 있게 되고 그런데, 한국인들에게는 어떻게
커피가 여유일 수 있느냐고 신기해 했다. 순간, 미처 생각해 보
지 않은 문화적 차이를 실감했다. 그리고 한국의 커피 문화는
업무를 위한 것이라기보다 사람들 사이의 휴식과 담소, 재충전
의 의미로 더 기능하는 것 같다는 설명을 덧붙였다. 부연 설명
을 듣고는 고개를 끄덕이면서도, 계속 그 대목을 생소해 하면서
도 즐거워했다. 서로에 대한 구별과 인식이 공존을 위한, 함께
잘 살아 보자는 데로 모아지려면, 서로의 차이에 대한 이해와
소통이 먼저일 것이다. 서로의 차이를 강조하며 구분하고, 각
자의 입장만을 내세우며 타문화에 대한 편견 내지 몰이해로 일
관한다면, 결국 자신의 삶조차도 보편적이고 특수한 인간 삶의
일부이며, 다양한 사람들 속에서 알아 가고, 차이들을 경험하고
함께 할 수 있는, 그 속에서 결국 나도 함께 행복해질 수 있는
기회를 잃게 될 것이다. 서로를 알고 인정하게 되는 것, 〈강남스
타일〉의 흥겨움만큼이나 즐겁지 않을까?

4부

장애, 그 밖의 이야기

아프니까 고생이다:
영국과 미국에서의 의료 이용 경험기

　어디에 살든지 몸이 아프면 몸 고생, 마음고생에 돈 걱정까지 하게 마련이다. 간단히 생각해서, '아프면 병원에 가면 되지'라고 할 수도 있겠지만, 이 병원의 의료 서비스를 이용한다는 것이 생각만큼 쉽지 않기 때문이다. 우리나라는 국민건강보험이 있어서 동네에 있는 아무 병·의원에 가서 주민등록번호를 말하고 의료 서비스를 받을 수 있지만, 각 나라마다 다른 의료 시스템을 갖추고 있어서, 병원에 가는 것도 그리고 양질의 진료를 받을 수 있는가의 문제도 그렇게 간단하지 만은 않다. 미국과 영국에서의 실제 경험을 토대로 의료 환경이 사람들의 삶에 미치는 영향은 꽤 크다는 것을 실감하였으며, 오늘은 그 경험을 나누어 보고자 한다. 국가의 역할을 강조한 영국과 시장의 역할을 강조한 미국, 이 두 나라에서의 경험은 사회복지를 공부한 내게 수많은 질문을 던져 주었다.

영국: 국민보험 그리고 끝없는 기다림

영국은 NHS(National Health Service)라는 국민 보건 서비스를 갖추고 있는 나라이다. 2차 세계대전 이후, 국가를 재건하는 과정에서 국민들은 베버리지의 "보편적 복지" 패러다임을 환영했고, 누구든지 아프면 병원에서 거의 무료로 진료를 받을 수 있도록 하는 것이 국가의 역할이라는 데 합의했다. 당시 민간 의료보험 등의 시장도 발달하지 않았기에 의료 전문직들도 이해관계가 상충되지 않아 이를 수용했다. 이 국민 보건 서비스는 암이나 당뇨와 같은 고비용을 치러야 하는 질병에 걸린다고 해도 감기 약값 정도의 비용으로 수술과 치료를 받을 수 있어서 가난한 사람들에게는 참 매력적인 의료 제도라 하겠다. 영국 국적을 갖지 않은 여행객이나 유학생도 NHS의 대상이 되고, 의료비는 조세로 대부분이 커버되기 때문에, 실로 의료 서비스에 대한 접근성을 온 국민에게 동등하게 보장하는 시스템을 갖추었다고 할 수 있다.

이런 대강의 내용을 보면, 영국의 의료 체계는 장밋빛이다. 나도 유학을 가기 전에는 영국의 의료 시스템에 대한 일종의 환상 같은 것이 있었다. 보편적 복지에 대한 환상이었다고나 할까? 사실 그 환상은 나의 주치의를 만났을 때만 하더라도 유효했다. 런던에 도착하고 얼마 지나지 않아 NHS 사무소에서 내 주치의를 할당하여 연락을 해 왔고, 난 내 주치의를 만나서 기본적인 건강 상태에 답하고 체중과 키 등 기본적인 신체 상태를 점검하고 왔다. 주치의가 있다니, 정말 신나는 걸 하면서 마냥 새로워하고 즐거워했던 것 같다. 그러나 시간이 가면서 실제로 경험해 본 영국의 NHS는 성격 급한 한국인에게는 인고의 기다림의 시간을 감내해야 하는 불편한 시스템이었다.

기숙사 옆방에 살던 스페인 남학생이 새벽 두세 시쯤에 목발을 짚고 돌아오는 사건이 있었다. 8명의 학생이 같은 층에서 각방을 쓰고, 주방과 거실을 공유하는 형태의 기숙사였는데, 새벽 4시에 본 그 친구의 부어 오른 다리와 잔뜩 화가 난 얼굴은 아직도 잊을 수가 없다. 농구를 하다가 오후 5시쯤 다리를 심하게 삐었는데, 병원에 갔더니 계속 기다리라고 해서 기다렸고, 결국 목발을 하나 주면서 나중에 다시 오라고 했다고 것이다. 그날부터 환상적인 의료 서비스일 거라는 내 기대는 무참히 깨지기 시작했다. 축구를 하다가 쇄골에 금이 간 친구에게는 수술 일정을 6개월 뒤로 잡아 주어 결국 한국에 가서 수술을 받았고, 맹장이 문제가 되었던 친구도 결국 급하게 비행기를 타고 한국으로 가야 했다.

누구에게나 보편적인 의료 접근성을 보장하고 국가가 의료 전문가를 관리하겠다고 했는데, 왜 이런 상황이 벌어지는 것일까? 영국의 의사들은 국가 관리 체계 하에 편입되어 공무원처럼 월급을 받는 방식이기에 아주 응급하거나 심각한 환자가 아니면 진료 스케줄을 느긋하게 잡는다고 한다. 인센티브를 준다고 하지만 하루에 몇 명의 환자를 진료하는가는 중요하지 않은 모양이었다. 인간의 욕심이나 이기심보다 평등을 강조한 이 시스템은 결국 자본주의 사회에서 유지되기 힘든 것은 아닌가 하

는 생각을 했다. "행정 시스템은 사회주의적으로, 이용은 개인주의적으로"라며 내세운 이 제도가 자본주의의 약점을 보완하지 못하고 이상한 사생아가 된 기분이다. 거의 매주 심야 토론 시간에 TV에서 "NHS, 이대로 좋은가"와 같은 프로그램을 방영하고 있었다. 영국도 자체적으로 계속 보완책을 찾고 있었던 것이다.

그래도 한 가지 좋았던 기억이 있다. 암에 걸린 목사님이 NHS 덕분에 돈 들이지 않고 항암 치료를 받을 수 있었고, 완치까지 되었다. 어떤 사회제도든 모두를 만족시킬 수는 없지만, NHS가 변화를 계속하지 않는 한 말 많고 탈 많은 사생아로 남을 것 같다. 물론 대처 정부 때 영리 병원을 허용하여 환자들이 그것도 이용하고 있지만, NHS가 차지하는 비중이 큰 만큼 본질적 시스템의 변화를 도모해야 할 것이다.

미국: 불안을 마케팅 하는 민간 보험회사의 나라

영화 〈시코(Sicko)〉를 보면 미국의 의료 제도가 얼마나 형편없는지 잘 알 수 있다. 돈이 없으면 절대로 아프면 안 되는 나라가 미국인 것이다. 앰뷸런스 한 번 타면 100만 원이라는 말을 들은 적이 있다. 치과에 가서 충치가 몇 개인지 확인하는 작업만 해도 6만 원이다. 엑스레이 찍고 치료 받으면 몇 십만 원이다. 친한 홍콩 친구가 2주 전 임신 초음파 검진을 해서 나도 함께 병원에 갔다. 초음파 검사 이전에 1시간 정도 아기의 장애 가능성에 대한 설명과 초음파 검사의 과정에 대해 전문가가 친절히 설명해 주었고, 초음파 검사도 무려 40분이나 해 주었다. 첫 아기를 심한 장애로 인해 떠나보내야 했던 경험이 있었고, 이 친구의 나이도 만 42세였기에, 다운증후군이나 터너증후군 같은 것에 대해 더욱 상세히 설명을 해 주었던 것 같다. 그러나 그 비용이 무려 1400달러가 넘었다. 150만 원이 넘는 비용이 초음파 검사비였다. 우리나라처럼 3D로 아기를 보여 준 것도 아니었고, 아기 장기의 모양새를 보고, 얼굴 보고, 성별 확인해 주고, 심장 소리를 들려준 것이 전부였다. 게다가 이 모든 서비스는 의사가 아닌 해당 파트 전문가가 실시했다. 의사는 다른 방에서 초음파 검사 이후 사진만 잠깐 확인했고, '정상입니다'라는 말을 담당자를 통해 전해 준 것이 전부였다. 내가 작년에 한국에서 산부인과 의원을 이용했을 때, 초음파 검사에 대해 본인 부담금 2만5천 원 정도를 지불했다. 그런데 여기는 똑같은 의료 서비스에 대해 1400달러라는 어마어마한 비용을 청구하는 것이다.

다행히 이 친구는 민간 보험회사에 가입했고, 다달이 700달러의 보험료를 내고 있기에 실제 본인 부담금은 없었다. 그러나 만약 보험회사에서 지정해 주지 않은 병원에 간다면, 이는 고스란히 본인의 몫이다. 보험회사에서 지정한 병원만 갈 수 있고, 그것도 미리 예약을 해야지만 갈 수 있다. 처방되는 약 종류도 구입한 보험 상품에 따라 달라진다. 임신성 당뇨 관리를 위해 병원에서 처방한 당뇨 수치를 재는 바늘이 보험회사에서 지정한 제약 회사의 것이 아니었기에, 이 친구는 고스란히 자기 부

담으로 치러야 했다. 또 다른 미국인 친구도 임신을 준비 중인
데, 구입한 보험 상품이 오는 11월부터 임신에 대한 부분도 보
장 영역에 넣어 주기 때문에 11월 전에는 임신을 하면 안 된다
고 했다. 병원을 이용하는 것이 참 복잡한 나라인 것이다. 아파
서 병원에 가야 하면, 내가 가입한 보험이 정해 주는 병원을 찾
아 예약을 해야 하고, 처방약도 가입한 보험 상품 영역 내에서
찾아야 하고, 보험이 되느냐 안 되느냐에 따라 아기를 갖는 시
기도 조정해야 하는 참 번거로운 나라인 것이다. 의료 이용의
모든 것을 보험회사가 관장하고 있고, 의료비도 비싸고, 보험료
도 참 비싼 나라가 미국이다. 시장에 의료 영역을 맡긴, 영국과
는 참 다른 나라이다.

한국: 국민건강보험 그리고 미래는?

미국에서는 사람들의 미래에 대한 불안감을 마케팅 수단으로
삼아 수많은 보험회사가 이익을 남기고 의료 이용에 있어서 모
든 권력을 갖는다. 반면, 의료의 사회화를 시도한 영국에서는,
접근성은 보장한다고 하더라도, 의료 서비스의 질과 관련하여
많은 문제를 안고 있다. 한국의 의료 시스템이 선진화된 것으로
유명하지만, 의료 시장 개방 문제, 영리 병원의 허용 문제, 동남
아시아 고객 유치를 위한 의료 메카화, 재정 건전성의 문제 등,
다양한 문제와 변화하는 환경 속에서 어떤 선택을 이어갈 것인
지 궁금해진다. 보편적 복지에 대한 논쟁이 정치 화두가 되고
있는 현재, 영국과 미국에서의 경험이 다시 생각난다. 분명한

것은 어디에 살든 일단 아프면 고생이란 점이다. 개인도 건강을 위한 노력을 계속하고, 한국 사회도 어떤 선택을 하든지 이용자 관점에서 보다 나은 의료 시스템을 만들어 나가는 데 노력을 아끼지 말아야 할 것이다.

활동보조인과 장애인의 관계 맺기:
코끼리를 냉장고에 넣어 줘

농담처럼 듣던 말 중에, 코끼리를 냉장고에 넣는 방법이 뭔지 아느냐는 이야기가 있었다. "잘라서 넣는다." "지하철에 사람을 밀어 넣듯이 어떻게든 코끼리를 밀어 냉장고에 넣는다"는 등, 재미있는 답변이 많았다. 그런데, 정작 이야기의 답은 "김 비서 ~, 좀 넣어 봐"였다. 한국 사회의 권력관계 속에서는 안 되는 것이 없다는 내용을 풍자한 일종의 블랙코미디였다.

그런데 이 이야기는 본 의도와는 무관하게 장애인의 삶의 방식에 대해 참 유용한 힌트를 제공하고 있다. 자신의 짱가를 부르는 일이 장애인으로서는 불편함을 해결하는 가장 손쉬운 방법이 되기 때문이다. 특히 중증 장애인들이 사회에 참여하기 위해서는 활동 보조를 해 줄, 코끼리를 냉장고에 넣어 줄 김 비서가 필요하다.

활동 보조 서비스

신변 처리에서부터, 학교, 병원, 또는 일터에 가거나 업무를 볼 때, 장애인의 활동을 보조해 주는 것이 활동 보조이다. 치매나 뇌졸중으로 장기 요양 등급을 받고 누워 계신 어르신들을 돌보는 요양보호사와는 다르다. 장애인은 아동일 수도 청년일 수도 있기에, 요양 중심이 아닌, 사회 활동 중심의 보조가 필요한 것이다. 현재 우리나라에서는 1급 중증 장애인만이 대상이 되고 있고, 하루에 길어야 7-8시간 정도 서비스를 받을 수 있다. 충분하지는 않지만, 그동안 방구석에 방치되었던 장애인들이 세상을 경험할 수 있는 기회를 제공하고 있음은 분명하다. 복지라는 것이 과거에는 '돈'이나 '물품'을 제공하는 방식으로 행해졌다면, 이제는 가족이 해체되는 경우가 많아지고, 상대적으로 체감하는 가족의 부양 부담이 과거에 비해 높아지고, 또 가정을 위해 온갖 궂은 용역 서비스를 제공하던 엄마와 아내의 역할이 사회화되면서, 이제는 '서비스' 중심의 '품'을 제공하는 형태의 복지 제도가 늘어나고 있다. 활동 보조 서비스 역시 같은 맥락에서 이해할 수 있다. 부모들이 장애 자녀를 등에 업고 학교에 등하교시켰다는 이야기도 이제는 사라지고 있음을 볼 때, 사회 서비스 영역의 확대를 체감할 수 있다.

공적 영역의 사적 개입, 관계 맺기가 어렵다

사적 영역으로만 생각되던 가족 관계나 수발의 역할에 공적 서비스가 개입하면서, 우리는 새로운 관계 맺기를 위한 노력을

하게 되었다. 너무나 편해서 때론 짜증스럽거나 버거운 가족 관계가 아닌, 공적 계약관계를 맺은 낯선 이에게, 용변을 보는 일을 도와달라는 등, 매우 사적인 영역을 드러내 보이거나 공유해야 하는 상황이 온 것이다. 때문에 예의를 지키고자 노력하게도 되고, 서로 맞춰 가려고 애쓰게도 되고, 그러다가 틀어지면 싸우고 관계가 끝나기도 하고, 또 새로운 파트너를 찾게 되고, 그런 관계를 맺어 간다. 그런데 이러한 사적 영역에서 벌어지는 관계 맺기를 위한 과정이나 노력들에 대해서는 제대로 된 교육도 방법론도 없다. 비장애인들이 활동 보조 교육을 받을 때, 장애인을 대하는 방법과 관련하여 약간의 교육이 있을 뿐이다. 사실 인간사의 관계에 특정한 공적 가이드라인을 정하는 것도 우스운 일이기는 하지만, 제도를 도입한 지 4년이 흐른 지금, 한 번쯤 생각해 볼 문제이기도 하다. 사람에 따라 다르겠지만, 활동보조인과 함께 한 지 오래 된 장애인 친구들의 말에 따르면, 장애인의 태도는 대개 두 가지 모습으로 나타난다고 한다. 활동보조인을 자원봉사자로 인식하고 항상 감사해하고 무언가 부탁하기를 어려워하는 모습과, 나에게도 마음대로 부릴 수 있는 김 비서가 생겼음을 기뻐하고 예의 없이 대하거나 제멋대로인 장애인의 모습이다. 전자의 경우에는 둘 사이의 갈등이 표면적으로 드러나지는 않지만 제대로 된 활동 보조를 받을 수 없고, 후자의 경우에는 두 사람 모두 감정적 골이 깊어져 마찰을 일으키기도 한다.

왜 일부 장애인들은 제멋대로인 뿔난 고집쟁이가 되었을까

대학생 때 세브란스 재활 병원에서 학습 자원봉사를 한 적이 있다. 장기 입원한 아이들에게 산수를 가르치러 갔던 어느 날, 아는 선배를 병원 현관에서 만났다. 장맛비가 퍼붓던 날이었고, 휠체어를 타고 있던 선배는 근심스런 얼굴로 하늘을 연신 쳐다보더니, 자원봉사자로 선배의 휠체어를 밀어 주던 남학생에게 "그냥 주차장으로 데려다 줘"라고 했다. 평소에도 장애인의 권리 의식을 주장하던 선배였기에 그의 말이 예측되기는 했지만, 비가 너무나 심하게 퍼붓는 상황이라서, "휠체어 미는 사람 생각도 해야죠. 좀 비가 그치기를 기다렸다가 움직여요"라고 말했다. 그러나 그는 아랑곳하지 않았다. 우물쭈물하던 자원봉사자는 한 마디도 말하지 않았고, 나는 "오빠는 참 못된 장애인이야"라고 했지만, 결국 그들은 지체 없이 빗속으로 나갔다. 선배는 휠체어에 우산을 쓰고 앉아 본인만 비를 피한 채, 자원봉사자는 살이 비칠 정도로 비를 흠뻑 다 맞으며 말이다. 그 뒷모습이 지금도 생생하다. 활동 보조 서비스 같은 것은 없었던 때였고, 항상 장애인 상위 시대를 열어야 한다고 했던 그 선배가 때론 멋있기도, 때론 밉상으로 느껴지기도 했던 때였다.

가끔 "장애인들은 제멋대로다. 고집이 세다. 자기중심적이고 활동보조인에 대한 배려가 없다"는 등의 불만 섞인 이야기를 듣는다. 대부분 활동 보조나 자원봉사를 꽤 하신 분들의 반응이다. "TV 속 이미지를 통해서 볼 때는 장애인이 불쌍했는데, 막상 도우려고 하니까, 너무 이기적이고 못된 장애인들이 많더

라. 봉사나 활동 보조 일을 하면서 오히려 장애인들에 대해 안 좋은 감정이 생긴다"라는 것이 이분들의 반응이었다. 장애인이 화장실 문을 열어 보지 말라고 했는데, 활동 보조를 하다가 실수로 문을 열었고, 결국 장애인이 센터에 불만을 제기해서 더 이상 활동보조원으로 일을 못하게 되었다며 불만 섞인 이야기를 하는 분도 있었다. 한편, 장애인들의 입장에서는, 매사에 활동보조원들이 자신의 방식을 고수하려 해서, 장애인들이 자기 결정권을 행사할 수 없다고 불만을 토로하기도 한다.

왜 이런 관계의 불협화음이 나타날까? 앞에서 언급한 선배에게 물었던 적이 있다. 왜 그렇게 비장애인들에게 배려 없이 대하는 것이냐고 말이다. 선배의 대답은 간단했다. "세상의 대부분의 상황에서 비장애인들은 불편이 없잖아. 내가 좀 자기중심적으로 군다고 하더라도, 세상은 그들 중심으로 굴러가는 걸." 이기적이고 비장애인에 대한 배려 없는 모습이라 생각하면서도, 한편으로는 왜 이 선배나 다른 장애인들이 이렇게 나오는지 이해되기도 한다. 너무나 오랜 세월 동안 장애인들은 많은 것을 누리지 못하고 살아왔고, 권리라는 것, 자기 결정권이라는 것을 행사해 본 적이 없어서인 듯하다. 아주 약간의 권리가 주어지자 굉장한 힘이라도 얻은 듯 여겨져, 본인의 마음에 들지 않으면 문제 제기도 하고, 심지어는 배려 없이 막무가내로, 정말, 코끼리를 냉장고에 넣어 달라는 말도 안 되는 요청을 하게도 되나 보다.

장애인들이 활동보조원을 너무 힘들게 한다는 이야기를 들으면, 그들에게 이렇게 말한다. "모두 역사의 피해자일 뿐이에요. 장애 억압적인 역사가 너무나 길었기에, 이제야 아주 조금 장애인의 권리에 대해 우리 사회가 고민하기 시작한 단계이기에, 눌려 있던 장애인들의 억울함이 활동보조인들을 다소 힘들게 할 수도 있어요. 시간이 지나면, 서로를 이해할 수 있게 될 거예요. 장애인의 경우, 이기적이지 않고서는, 자기 권리를 뿔난 고집쟁이처럼 챙기지 않고서는 아무것도 얻거나 누릴 수 없었던 시간이 길어서 그런 거죠."

인간 대 인간의 관계로

돈과 물적 자원을 연결하는 일보다 사람과 사람을 이어 주는 일이 훨씬 어렵다. 때문에 활동 보조에 대해서는 장애인과 보조인 양측 모두에게 관계 맺기를 위한 교육이 필요하며, 사회복지사(또는 코디네이터)는 지속적으로 관계에 피드백을 제공할 수 있어야 한다. 그리고 이런 불협화음의 관계로 인한 문제들을 접하면서, 난 조심스럽게 또 하나의 가능성을 본다. 드디어 장애인과 비장애인의 관계가 인간 대 인간의 일대일 관계가 되고 있다고 말이다. '장애인들 참 이기적이다'라는 말이 나온다는 것 자체가, 그냥 단순히 불쌍하고 도움을 받기만 하는 장애인과 봉사를 베푸는 비장애인의 평면적인 관계에서 벗어나서, 장애인을 입체적인 인간형으로 보기 시작했음을 뜻하는 것 같다. 그래서 오늘의 이 불협화음이 싫지 만은 않다. 다만, 이 불협화음이 서로에게 상처 주는 것으로 끝나지 않고, 훗날에는 대등한

인간관계로 나아가고 서로를 이해하는 데 필요한 과정이 되길
바란다. 이 과정을 보내고 나면, 장애인과 활동보조인의 호흡이
환상의 짝꿍으로 거듭 날 수 있으리라 기대한다.

중증 장애인이 일을 한다는 것

1급 중증 장애인들이 일을 한다는 것, 어떻게 느껴지는가? 전신 마비에 가까운 제약을 가진 사람이 정말 대단하다! 저런 사람들까지 나와서 일을 해야 하나? 나라에서 그냥 보조금을 주면 안 되나? 등등 많은 반응들이 있을 것이다. 실제로 1급 중증 장애인들이 출퇴근을 하면서 일을 하리라고는, 장애 문제에 관심을 갖지 않았던 사람들은 생각조차 하지 못할 수도 있다. 사실 그들이 일상적인 직업인으로서 살아가기란 하늘의 별따기만큼이나 어려운 일이다. 전신 마비나 중증의 뇌 병변 장애를 가진 이들의 경우, 가족들조차도 장애를 가진 당사자가 일을 하게 되리라고는 생각하지 못한다. 그러나 그들이 누구보다 활기차게 일하고 있는 곳이 있다. 바로 자립생활센터이다. 최근에 이 센터에서 일하는 장애인들을 사귀게 되면서 참 많은 생각을 하게 되었는데, 그들의 일터에 대한 이야기를 해 보고자 한다.

자립생활센터는?

　자립생활센터는 중증 장애인의 사회 통합과 자립 생활이 강조되면서 등장한 기관이다. 1962년 전신 마비 장애를 가진 에드 로버츠가 버클리 대학에 입학하였고, 교실 접근의 어려움이나 이동 수단의 문제 등을 지적하면서 장애인 동료 학생들과 함께 자립 생활 운동을 시작하였다. 이들이 졸업한 후에 최초로 버클리 장애인 자립생활센터를 개소하게 되었다. 이후 자립생활센터는 각국으로 퍼져 나갔고, 활동 보조 서비스 지원에서부터 동료 상담, 정보 제공, 주거 지원, 권익 옹호 등 매우 다양한 장애인 자립 관련 프로그램을 제공하고 있다. 장애인들도 수용 시설에서 벗어나 지역사회에서 비장애인과 더불어 사람답게 일상이라는 것을 만끽하고 살아 보자는 것이 자립 생활의 주된 목표이자 내용이다. 즉, 장애인들의 지역사회 내 홀로서기를 지원하는 기관이 자립생활센터인 것이다. 현재 우리나라에도 200개에 달하는 자립생활센터들이 자리하고 있다.

　흥미로운 것은 이 자립생활센터에서 일하고 있는 이들의 50% 이상이 장애인 당사자라는 점이다. 어느 복지관을 가더라도 대체로 장애인은 서비스의 수혜자이다. 그렇다 보니 그들이 사회복지사로 일하고 있는 모습을 찾아보기는 힘들다. 최근에 장애인 복지관에서 장애인을 상담하기 위한 동료 상담가로 장애인을 고용하는 분위기도 있지만 말이다. 그런데 자립생활센터에서는 과반수의 직원이 중증 장애인이다. 미국 시카고 자립생활센터를 방문했을 때, 눈에 띄는 직원들 다수가 장애인이라는 사실이 매우 신선했었는데, 자립생활센터가 한국에 도입된 지 10년이 지난 2011년 현재, 한국의 자립생활센터에서 중증 장애인들이 상담도 하고 가정방문도 하는 등 자립을 도울 수 있는 정보를 제공하고 자원을 연결하고 있다. 또한 지역사회 변화를 위해 해당 시군구에 협조 의뢰도 하고 국가인권위원회에 진정을 내는 등 지역 장애인의 권익 옹호를 위한 활동도 하고 있다. 이러한 중증 장애인들의 직업 활동이 비장애인인 대중들에게는 매우 낯설게 느껴질지도 모르겠다. 어떻게 일하고 있는지 궁금하기도 할 것이다.

어떻게 중증 장애인들이 센터에서 일하게 되었나? 또 어떻게 일하고 있나?
미국의 경우, 중증 장애인들이 지역사회를 개선해 나가기 위한 운동의 일환으로 자립생활센터를 시작하였다. 한국에서도 장애인 당사자들의 욕구에 기초하여 장애인들이 센터를 운영하기 시작했기에, 장애인들이 초창기에 센터의 주역이 될 수 있었다. 특히, 센터장은 장애인이어야 하며, 운영진의 51% 이상을 장애인으로 할 것을 규정하여, 장애인들에 의한 프로그램 구성과 운영이 타 기관과 구별되는 가장 큰 차이점이 되었다. 때문에 자립생활센터는 장애 친화적인 일터로서 장애인과 비장애인이 함께 일할 수 있는 곳이 되었다. 아마도 국내에서 중증 장애인들이 업무 보조가 아닌, 사업을 계획하고 추진하는 핵심 인력으로서 일할 수 있는 곳은 자립생활센터가 유일하지 않을까 하는 생각도 든다. 또한 이렇게 중증 장애를 가진 이들이 팀장으

218

로 또 센터장으로 일을 할 수 있는 배경에는 활동 보조 서비스 지원이 있다. 내가 만난 분들은 주로 팀장, 간사, 활동가로 나뉘었는데, 그들은 대부분 월 평균 180시간의 활동 보조 서비스를 이용하여 업무에 임하고 있었다. 때론 주말에 술을 과하게 마신 활동보조인이 월요일 아침에 못 일어나서, 장애인은 출근은커녕 하루 종일 활동보조인의 연락만을 기다려야 하는 상황도 있지만, 장애인은 활동 보조 서비스로 인해 몸이라는 감옥에서 벗어나 사회생활을 할 수 있게 된 것이다.

중증 장애인 종사자에게 있어서 자립생활센터의 의미

서울의 작은 자립생활센터에서 일하는 한 장애 여성으로부터 들은 이야기이다. 그녀는 30대 중반으로 월 150만 원 정도의 월급을 받는 중소기업에 취업해 본 적이 있다고 했다. "1급 중증 장애를 가진 여성이 이 정도의 급여를 받는 번듯한 직장에 다닌다는 것 자체로 좋을 것 같죠?" 그녀의 말이었다. "월 급여가 150만 원이라도 방 월세 내고, 교통비 하고, 밥값 하면서 생활하면 남는 게 없어요. 다른 직장인도 그렇겠지만, 내 문제는 의료비가 급격하게 올라간다는 데 있죠. 병원에 자주 가게 되는데, 소득이 있으면 (기초생활보장제도에서 제공하는) 수급권이 끊기거든요. 그럼 거의 부담이 안 되던 의료비도 엄청난 부담이 되고, 임대아파트 보증금도 확 올라가요. 결국 매달 마이너스 생활이더라고요. 그래서 몇 달 다니다가 그만두고, 다시 수급자가 되길 선택했어요. 수급자로 생계비 지원을 받으면서, 자립생활센터에서 일하고 있죠. 월 5만 원의 차비 정도를 받으면서 말이죠."

중증 장애인이 고용되는 것 자체가 어려운 사회적 분위기도 문제라고 하지만, 설사 고용이 된다고 하더라도 경제적인 측면에서 오히려 수급자로 생활하는 것이 나은 상황이라니, 장애인은 자립이 아닌 의존이라는 복지의 틀 속에서만 생활하라는 것인가 하는 생각이 든다. 사실, 내가 만난, 자립생활센터에서 일하고 있는 중증 장애인들은 상당수가 수급자였으며, 센터에서는 월 5만 원에서 10만 원의 활동비를 받고 있었다. 팀장 직급이면 100만 원 안팎의 급여를 받고 있었으나, 간사나 활동가들은 무급이거나 교통비 정도만 받고 있었다. 그 이유는 앞의 여성 장애인과 마찬가지이다. 수급권을 유지하면서 동시에 직업을 갖고 사회생활을 할 수 있는 방법을 찾은 것이다. 센터 입장에서 보면, 200여 개 센터들 중에 지난해에 정부 지원을 받은 곳은 10% 정도였다. 재정 상황이 열악한 센터들은 장애인 직원과 활동가를 저임금으로 고용할 수밖에 없는 상황인 것이다. 장애인 당사자와 센터의 욕구가 매우 이상하게 맞아떨어지면서 중증 장애인이 자립생활센터에서 일할 수 있었던 것이다. 장애인의 사회 통합이라는 장밋빛 미래 사회를 좀 더 가까이 실현시킨 장으로서 자립생활센터가 존재하는 것이 아니라, 한편으로는 의존이라는 복지 시스템에 장애인을 보이지 않게 가두고 있는 것은 아닌가 하는 생각도 든다.

자립생활센터에서 일을 하면서 장애인들은 자신의 장애에 대해 보다 당당해지는 경험을 했다고 한다. 명함도 생기고, 동네에

떠돌아다니는 아저씨나 아줌마가 아니라, 사회인으로 바라봐 주는 것 같아서 참 좋다고도 했다. 실제로 장애인들의 어려움을 해결해 주고, 지역 내 장애인의 불편을 해소하는 데 기여하면서 세상이 조금씩 바뀌는 것을 보면 신이 난다고 했다. 버스 회사나 은행, 관공소 등에 장애인 차별 관련 교육을 다니기도 하고, 적극적으로 장애인의 권익 옹호 활동을 하면서 삶의 의미도 찾게 되고, 열등감이 아닌 당당함으로 세상과 부딪쳐 보고자 하는 자신감도 생긴다고 했다. 갈등도 있지만 비장애인과 함께 일하는 방법을 찾아가면서 예전에 비해 행복해졌다는 그들이었다. 특히 활동보조원과 콤비플레이가 잘되는 경우 삶의 만족도는 매우 높아 보였다.

그러나 그 이면에는 중증 장애인이 사회의 다른 영역이 아닌, 자립생활센터에만 고용되는 방식으로 제약을 받는 것은 아닌가 하는 생각도 든다. 궁극적으로 장애인들도 사회의 각 영역에서 일할 수 있는 환경을 만들어 가야 할 것이다. 그런데 복지 시스템이 사회 진출을 막는 달콤한 유혹을 한다면, 장애인들의 선택은 수급자로 남는 것일지도 모르겠다. 자립생활센터가 장애인과 비장애인이 함께 일하는 곳으로서 기능하는 것은 좋지만, 현재로서는 선택권이 없기에, 그들은 오늘도 약간의 활동비만을 받고 센터에서 후세대 장애인들을 위해 일하고 있는 듯하다. 앞으로는 기업의 중증 장애인 고용 환경도 좋아지고, 복지 시스템도 유연해지고, 중증 장애인들도 고등교육을 많이 받아서 다양한 영역에서 일할 수 있게 되길 바란다.

자립생활센터의 변화와 선택

자립생활센터 내 중증 장애인의 일자리가 줄어들고 있다

실업률이 고공행진을 하고 있는 상황에서 장애인 자립생활센터에서 활동 보조 서비스를 지원받으면서 일하는 중증 장애인들의 이야기를 접하면서 한국도 복지 선진국이 되었나 하는 생각이 들었다. 장애인들이 집에만 웅크리고 있지 않고 당당한 사회인으로서 지역사회를 바꾸는 일에 앞장서고 있으니, 먼 미래에도 실현되지 않을 것 같은 장애인의 사회 통합이 아주 가까이 와 있는 것만 같았다. 그러나 이런 기대는 지난 2011년 4월 자립생활센터 운영에 관한 장애인복지법 시행령이 발표되면서 사그라들었다. '장애인 직원을 1인 이상으로 한다'고만 규정하여, 중증 장애인들이 설 자리는 자립생활센터에서마저 좁아지게 되었다. "어쩌면 이 땅에서 유일하게 중증 장애인이 주도적으로 일을 해 볼 수 있는 영역이었는데, 이마저도 비장애인이나 경증 장애인들에게 자리를 내어주게 되었다"며 센터에서 일하

는 친구들은 우려의 심경을 전했다.

　그러나 시행령이 발표된 것은 하나의 상징적인 표현일 뿐, 사실상 자립생활센터들은 중증 장애인들이 주축이 되었던 초창기 모습과는 달리, 이미 효율과 성과를 강조하는 방식으로 변모하고 있었다. 시와 국고로부터 예산을 지원받기 위해서는 평가 점수가 높아야 했기에, 업무 속도 면에서 느리고 사회 경험이 미숙한 중증 장애인들의 경우 업무 능력을 기를 수 있는 시간조차 허락되지 않은 채 밀려날 수밖에 없었다. 그런데 장애인복지법 시행령마저 중증 장애인의 고용 안정성을 저해하는 방향으로 발표되자, 중증 장애인 친구들은 업무 환경이나 규정이 반장애인적인 것에 더욱 속상해 했다. 게다가 장애 인권 운동체로서 기능하고자 했던 자립생활센터마저 중증 장애인 직원보다 비장애인 직원을 더욱 선호하는 모습으로 변하고, 장애인 직원은 아예 신입으로 뽑지 않는 자립생활센터의 선택 때문에 힘들어했다. 외적으로는 장애인복지관으로 대표되는 타 기관과 경쟁하며 예산을 따내야 하고, 내적으로는 비장애인이나 경증 장애인 동료와 경쟁해야 하는 현실 속에서, 어떻게 해야 살아남을 수 있을지 고민하는 모습도 볼 수 있었다.

자립생활센터, 정체성의 위기

　자립생활센터에서 시행하는 사업들을 보면, 장애인복지관과 뭐가 다른지 의문이 들 만큼 유사하다. 장애인의 자립 생활을 주로 지원한다고 하니, 장애인복지관의 하위 기관인가 하는 생각도 들 것이다. 왜 자립생활센터는 지역사회 변화를 위한 운동체로서의 기능이 아닌, 장애인 당사자들에게 복지 서비스를 제공하는 복지 기관화 되었을까? 예산 지원을 받는 것과 관련한 기관 평가 항목이 복지 기관에 적합한 방식으로 구성되어 있기 때문이라고 했다. 그렇다 보니 점차 복지관에서 시행하는 사업들을 따라하고, 경쟁하고, 결국 예산 나눠 먹기에 급급해 사업도 유사해지고 기관의 정체성도 모호해졌다고 한다. 자립생활센터만의 고유 사업은 동료 상담이나 권익 옹호와 같은 프로그램인데, 이는 활동 보조 서비스와는 달리 돈이 되는 것도 아니고 가시적인 결과를 가져오는 데에도 오랜 시간이 걸리므로, 점차 자립생활센터의 주요 사업에서 기타 사업으로 밀려나고 있다고 한다.

동료 상담이나 권익 옹호는 기존의 복지관과 차별화된 프로그램으로 의미가 크다. 자립생활센터에서는 장애인 동료 상담가가 장애인을 상담한다. 수직적 관계가 아닌 수평적 관계에서 문제에 접근할 수 있고, 무엇보다도 장애인으로서의 공감대를 통해 더욱 편하게 소소한 일상의 문제까지도 도움을 받을 수 있다. 휠체어 사용자는 광화문, 청계천, 교보문고에 가는 방법 등을 코칭 받을 수도 있고(필자도 휠체어 타는 친구와 이 코스를 돌 때, 휠체어 접근성 문제로 애를 먹었던 기억이 있다), 외출 시에 소변이 마렵고 화장실이 없으면 어떻게 대처할 수 있는지 등과 같은 문제에 장애를 가진 동료 상담가는 최고의 지원군이 될 수 있다. 물론, 복지관에서도 장애인을 고용하고 동료 상담가로

양성하여 상담을 하고 있기도 하지만, 현재로서는 대개가 경증 장애인들이 복지관에 취업해 있는 상황이다. 그에 반해 자립생활센터에는 전신 마비 장애나 뇌 병변 장애 등 중증 장애인 중심으로 인력 구조가 갖추어져 있어서, 중증 장애인의 자립 생활을 위한 지원에 훨씬 실제적인 정보를 제공할 수 있지 않을까 한다. 상당히 다양한 업무를 맡고 있는 장애인복지관에 비하여, 자립생활센터는 자립 생활과 관계된 문제들 위주로 다루고 있기 때문에, 성인 장애인이 자립에 대한 실질적 정보를 제공받고 도움을 받기에 보다 적합하다.

또한 동료 상담 외에 권익 옹호 부분도 자립생활센터에서 활성화된 영역이다. 예를 들면, 한 장애인이 지역의 저상 버스의 벨소리가 일반 벨소리와 구별되지 않아서, 버스기사들이 장애인이 타고 내리는 것을 몰라 주정차시 장애인을 배려하지 못하는 일이 있다고 했다. 이에 자립생활센터는 버스 회사를 상대로 공문도 보내고, 국가인권위원회에 진정서를 접수해 시정 권고도 내려지게 한 후, 벨소리의 차별화를 이루어냈다. 뿐만 아니라 직접 버스 회사를 찾아가 기사들을 대상으로 장애인 승객을 대하는 방법 등에 대해 교육을 하기도 했다. 이는 복지관이 실질적으로 하기 어려운 일들이다. 지역의 장애인복지관도 지역사회 운동을 통한 권익 옹호의 역할을 한다고 하지만, 실질적으로 각종 서비스 제공과 서류 업무, 사업 평가, 대민 서비스 등을 지원하노라면, 지역사회 내 권익 옹호를 위한 활동까지 여력이 닿지를 않는 것이다. 때문에 이런 부분은 복지 기관이 아닌,

225

시민단체에서 나서서 주도해 왔었다. 하지만 중증 장애인의 사회 통합을 위해서는 메이저 시민단체의 거국적 이슈를 중심으로 하는 변화보다는 특정 지역에 국한되는 아주 구체적이고 실질적인 변화를 도모해야 하는 것이 많아서(예를 들면, 우리 동네 슈퍼마켓에 휠체어가 들어갈 수 없다든가, 동네 특정 구역에 장애인 주차 공간이 필요하다든가 등) 자립생활센터의 지역사회 변화를 위한 노력들이 더욱 필요한 것이다. 그런데 이러한 동료 상담이나 권익 옹호와 같은 사업들은 점차 우선순위에서 밀려나고 있는 것이 현실이라고 한다. 더 많은 예산을 확보하고자 지역 운동체로서의 속성은 옅어지고 있고, 자립 생활을 위한 서비스 제공 기관으로서만 기능하는 것 같아 아쉽다.

그렇다면 자립생활센터의 복지관화가 대안일까?

규모 면에서도 영세하고, 장애인들이 주로 종사하고 있는 자립생활센터는 지속적으로 고군분투해야 할 것이다. 그보다는 복지관과 중복되는 사업은 조정하고 서로 협력하는 것이 좋지 않을까? 한 번은 사회복지관에서 전화가 온 적이 있다고 했다. 길 가던 휠체어 이용자 한 분이 타이어에 펑크가 났다면서 어떻게 대처해야 하는지를 문의했는데, 복지관에서 이에 답해 주기가 어려워서 근처의 자립생활센터에 연락을 해 왔다고 한다. 장애인 당사자들이 다수 일하는 그곳에서는 사고 지점에서 가까운 자동차 정비소를 알려 주고, 거기서 휠체어 바퀴를 수리할 수 있게 하였단다. 이런 생활 밀착형 정보는 지역에 거주하거나

지역 정보를 매우 잘 아는 장애인 당사자만이 제공할 수 있다. 외출했다가 오줌이 마려워 참을 수 없는 상황에서 대처법을 알려 줄 수 있는 것도 복지 전문가가 아니라 동료 장애인인 것이다.

장애인 자립생활센터는 장애인이 주인이 되는 곳이다. 동네 장애인들이 모여서 시간이나 때우는 곳으로 전락해서는 안 된다. 중증 장애인의 고용 창출을 자립생활센터만큼 해낼 수 있는 기존의 복지 기관은 없다. 효율의 시대에 그에 역행하는 기관을 어떻게 지원하느냐고 비판하면서 기존의 복지관 중심의 서비스 제공이 효율적이라고 여길 수도 있겠지만, 자립생활센터는 복지 수행 기관이기 이전에 사회 변화를 위한 운동체이며, 중증 장애인의 사회 통합의 가능성을 시험해 볼 수 있는 무대이다. 이에 정부는 자립생활센터 고유의 장점을 인정하고 관련 사업에 대한 지원을 확충해야 할 것이다. 자립생활센터가 고유의 정체성을 유지하면서 중증 장애인 고용과 지역사회 변화라는 두 마리 토끼를 잡을 수 있을까? 더 지켜볼 일이다.

입양 가는 아이

매주 교회에서 혜민이(가명)를 만나고 있다. 입양 기관에서 위탁을 받아 갓난아기였을 때부터 교회의 한 가정에서 기르고 있는 아기이다. 대개 생후 7~8개월 때면 해외 입양이 되는데, 아이티 지진 참사 이후, 최근에는 주로 아이티 아이들이 해외 입양의 우선순위로 고려되기 때문에, 혜민이는 두 돌이 다 되도록 위탁 가정에서 자라고 있다. 다행히도, 얼마 전 양부모가 결정되었는데, 미국의 어느 시골 지방에 사는 교사 부부라 했다. 아이를 길러 주어 고맙다면서 위탁 가정에 선물을 보내 오기도 했다. 좋은 부모를 만나게 된 것 같아 기뻤다. 그런데 기쁨도 잠시였고, 곧 입양 갈 혜민이를 보고 안쓰럽고 걱정되는 마음이 다들 앞서나 보다. 위탁 가정의 식구들이나 주변 사람들도 모두한 마디씩 걱정을 한다. "된장국에 밥을 말아 먹는 것을 가장 좋아하고, 아직 말을 하지는 못하지만 한국어를 다 알아듣고, 그렇게 한국식으로 자라던 이 아기가 미국에 가면 적응하는 동

228

안 얼마나 힘들까,” “갈 곳이 농촌 마을이라는데, 나중에 일꾼
으로 부려먹는 것은 아닐까?” 하는 이야기들을 한다. “그래도,
갈 거면 하루 빨리 가야지. 가서 제 식구들 만나고 살아야지”라
고도 한다.

그러나 나는 좀 다른 상상을 해 본다. 혜민이가 어떻게 자라
게 될까? 이 아이는 또 어떤 이들과 인연을 맺어 나갈까? 나중
에 한국이나 우리를 기억할까? 예전에는 나 역시도 해외 입양
가는 아이들을 볼 때마다 걱정하는 마음이 컸다. 그런데, 이
젠 그 아이들에게 펼쳐질 새로운 인생과 새 가족을 기대하는
마음이 더 크다. 이는 유학지에서 입양을 준비하고, 또 입양아
를 기르는 가정들을 만나고 겪었기 때문일 것이다.

입양에 대해 오래 묵은 생각에서 벗어나다
미국 유학중에 중국인 여자 아기를 입양한 포터 씨네 가정
과 알고 지냈다. 입양 1년 전부터 이 부부는 마치 실제 임신을
한 것처럼 만나는 사람들에게 입양할 아기에 대해 이야기했다.
만날 때마다 그들의 설레는 마음이 가슴 깊이 전해져 왔다. 매
일 아침 입양 올 아기를 위해 기도하던 부부였다. 아이를 만나
러 중국에 다녀온 뒤로는 사진을 보여 주며 기뻐했고, 다시 중
국에 방문하여 아이를 직접 데려온 후에는 온 가족이 중국옷을
차려입고 모임에 나오기도 했고, 중국 음식 만드는 법을 배우기
도 했으며, 아이의 미국 이름에 중국 성씨를 넣어서 이름을 지
어 주기도 했다. 엘리스 장 포터(가명), 뭐 이런 식으로 말이다.

이 부부를 보며 처음에는 좀 유난스러운 것 같다는 생각을 했다. 그리고 아시아 국가의 아이들을 입양해서 기르는 다른 몇몇 미국인 가족들을 보면서, 가난한 나라의 아이를 돌본다는 미국인 중심의 오만한 마음이 시혜적인 태도로서 입양을 하는 데 작용한 것은 아닌가 하는 생각도 했다. 또는 현실적으로 입양아를 기르면서 얻게 되는 세제 혜택이나 정부의 경제적 지원 때문에 아이를 입양해서 기르는 것은 아닐까 하는 생각도 했다. 하지만, 1년간 입양을 준비하는 모습과 입양 후에 아이를 돌보는 진한 모성애와 부성애를 지켜보면서 나의 편견은 조금씩 무너져 갔다. 입양된 중국 여자아이는 두 돌 정도 지난 선천적으로 구순구개열(사람들이 언청이라고 하는)의 문제를 가진 아기였다. 그 아기는 입양 직후부터 연이어 3차례나 수술을 받았다. 가슴 아파하며 아이를 돌보던 부부의 모습이 잊히지 않는다. 수술 이후 어느 정도 회복한 뒤에 만났을 때, 그 꼬마는 유난히 아빠에게서 떨어지지 않으려 했다. 엄마 아빠와 행복해 하던 그 중국에서 온 꼬마 숙녀가 나에겐 너무 깊은 울림으로 다가왔다. 아이가 아플 때, 위로하며 힘내라는 메일을 그 부부에게 보낸 것이 한국으로 돌아온 후에 개인적으로 해 줄 수 있는 전부였다. 하지만 그들로부터 내가 얻은 것은 너무나 컸다.

우선, 이 가정을 통해 입양에 대한 나의 오래 묵은 생각들이 하나씩 깨졌다. 입양은 어느 정도 경제적으로 넉넉한 사람들이나 할 수 있는 것이라고 생각했었는데, 그게 아니었다. 그 가정은 너무나도 평범한 미국의 가정이었다. 아빠는 컴퓨터 관련 일

을 하는 직장인이고, 엄마는 아르바이트 정도를 하고 있었다. 그네들 가정의 살림살이에 대해서 다 알 수는 없지만, 경제적으로 넉넉하여 아이를 데려다 기르는 것은 아니었다. 그렇다면 살림에 보탬이 되자는 이유에서 해외 입양을 한 것일까? 미국이란 나라가 여러 민족이 섞여 살고 있고 또 입양이 국력신장과도 연결되기에, 그래서 해외 입양 가정에 대한 지원이 우리보다 나은지도 모르겠으나, 그들이 아이에게 쏟는 노력을 보니, 단순히 경제적 지원 때문에 아이를 입양했다고 볼 수는 없었다. 한 생명을 책임지겠다는 그 마음은 결코 경제적 계산만으로 가능한 일은 아닌 것이다. 부자 나라의 오만함으로 입양을 하는 것도 아니며, 먹고살 만한 집에서만 아이를 데려다 기르는 것도 아니었다. 그렇다면, 무엇이 그들로 하여금 아이들을 입양하게 할까? 나 역시 출생 때부터 장애가 있었고, 30여 년 전에 내가 태어난 병원에서도 해외 입양을 권했다고 한다. 수십여 년 전부터 지금까지 그들은 왜 남의 나라 아이들까지 데려다 길렀을까? 문득, 그때 나도 입양되었다면, 어떻게 살았을까, 궁금해진다.

입양하는 그들 vs. 입양하지 않는 우리

그들은 무엇 때문에 입양을 할까? 그냥, 아이가 예뻐서란다. 특히 아시아 아이들이 예쁘고, 그중에서도 한국 아이들은 순종적이고 똑똑해서 인기가 많다고 한다. 물론 입양 가정에 대한 사회적 지원이나, 고등학교 이후에 바로 독립시키는 그들의 양육 문화가 입양을 좀 더 가볍게 선택할 수 있도록 도왔을 것이

231

다. 아이에 대한 순도 100%의 사랑만으로 해외 입양을 선택하지는 않았을지도 모른다. 그러나 입양을 1년 이상 준비하고, 또 가슴으로 낳은 아이로, 사랑으로 키우는 그들을 보면서, 가장 부러웠던 것은 그들이 "마음이 부자인 사람들"이기에 입양을 할 수 있었다는 점이다. 우리는 어떠한가? 연일 고아 수출국의 오명을 벗자고 하고, 출산율 증가책이 필요하다고 하면서도, 정작 우리의 아이들을 먼 나라로 보내고 있지 않은가? 경제적으로 풍요로워진 대한민국임에는 틀림없지만, 마음은 가난한 나라인 것 같다.

진정한 선진국은 사람들이 형성한 문화가 판단의 기준이 되고, 중진국은 돈이 판단의 기준이 되며, 후진국은 권력자의 말이 판단의 기준이 된다고 한다. 우리는 어디쯤 와 있을까? 양육비가 많이 들어서 아이를 못 낳겠다는 기사만 보아도 우리의 판단 기준은 문화가 아닌 물질에 있는 것 같다. 그렇기에 입양 문제에 대해서도 입양 가정에 대한 경제적 양육 지원을 늘리면 국내 입양이 늘어날 것이라고 주장할 수도 있을 것이다. 틀린 말은 아니겠지만, 그에 앞서 국내 입양 중에서 특히 장애아나 남아 입양이 늘어나려면, 우리의 문화, 즉 사고 방식이 바뀌어야 할 것이다. "내 배 아파 낳은 내 새끼"에 대한 애착에서도 벗어나고 "이왕이면 정상이면서도 예쁜 아기"에 대한 고집도 버려야 할 것이고, "대를 이을 내 자식"에 대한 생각도 버려야 할 것이다. 경제가 성장한 만큼 우리네 마음 밭도 넓어져, 물질이 아닌 문화가 판단의 기준이 되었으면 좋겠다.

혜민아, 안녕

혜민이가 8월 말이나 9월 초에 미국으로 간다. 얼마나 시간이 흘러야 다시 이곳에 올지, 또 이곳을 어떻게 기억할지 모르지만, 앞으로 펼쳐질 인생길에서 좋은 사람들과 행복한 날들을 보냈으면 한다. 그리고 앞으로 국내 입양이 늘어나, 제2의, 제3의 혜민이는 이 땅에서 살 기회가 더 많이 주어졌으면 좋겠다. 혜민아 건강하고 행복하렴.

2030의 이상과 현실

　인본주의, 사람에 대한 사랑, 이타심, 배려, 존중, 이해 등등의 말들을 사회복지를 공부하던 초창기에 많이 접했다. 그러나 시간이 흘러 어느새 이런 가치 중심적 단어보다 프로그램, 효율성, 만족도, 적합성, 예산, 대상자들에 대한 피로함 등등의 말들이 더 익숙해진 것 같다. 사회복지 현장에서 일하는 지기들을 만나면, 그들의 말과 태도 속에서도 이러한 변화가 느껴진다. 비단 사회복지 현장에 있는 이들뿐만이 아니다. 20대에 품었던 이상과 30대에 직면하는 현실 사이에서, 나를 비롯한 다수의 30대들은 이러한 변화를 자각하며 세월이 흘렀음을, 어느새 우리도 기성세대가 되어 가고 있음을 느낀다. 지나온 시간과 앞으로의 시간 사이에서 30대 중반의 주변 친구들의 이야기를 통해, 삶과 일과 가정에 대한 기대와 선택의 이야기를 짧게나마 나눠보고자 한다.

30대가 된 친구들

30대 중반에 접어든, 다양한 영역에서 일하고 있는 친구들을 대하면, 그들의 20대의 모습과 현재의 모습이 너무나 다른 사람처럼 느껴진다. 가르치는 일 자체가 좋아서 교사가 된 친구는 대학 합격률을 올려 보고자 악착스럽게 학생들을 몰아치는 고3 담임이 되었고, 노인들을 보면 도와주고 싶고 기운이 난다던 친구는 노인들한테 이제 지쳐 간다며 어디서 힘을 얻을 수 있을지 고민하는 복지사가 되었다. 아프리카에 가서 의료 봉사를 하고 싶다던 친구는 레지던트를 마친 후 상대적으로 편한 직무 환경이 갖춰진 미국에서 의사 생활을 하려고 시험을 치고 있다. 자연을 벗 삼아 아이들을 네 명 정도 낳아 기르고 싶다던 친구는 한 명 낳아 기르기도 벅찬 현실에 아기 셋이 부의 상징이 되었다면서 아이가 자신과 똑같은 인생을 되풀이할까 봐 걱정된다는 푸념을 늘어놓기도 한다. 엄마가 되고, 복지사가 되고, 의사 또는 교사가 되는 등 자신들이 바라던 일을 하고 있고, 이미 현실로 이루어진 꿈속에서 살면서도, 이들은 각자가 직면한 현실을 불평하면서 좀 더 나은 미래를 위해 고군분투하며 하루하루를 보낸다. 20대의 열정과 순수를 간직했던 꿈들이 가식이었는지 진심이었는지 의문이 들 만큼, 이들은 너무나 현실적인 선택들을 하며 살아가고 있다.

나의 푸념거리도 누군가에겐 이상이 된다

우리가 종종 잊고 사는 것은 자신의 잊어버린 20대의 꿈이나 이상뿐만이 아니다. 내가 골몰하고 있는 이 현실도 누군가에게는 꿈이고 이상이 되기도 한다는 점이다. 추석에 가서 마주할 시월드가 다른 이에겐 경험해 보고 싶은 뉴월드일 수도 있다. 명절에 갈 곳 없는 장애인 친구들은 어디든지 함께 할 가족이라도 있었으면 좋겠다고 한다. 가족 간의 갈등이 누군가에게는 고민이지만, 누군가에게는 희망 사항이 되기도 하는 것이다. 노인들의 고집 때문에 힘들다는 노인 복지관 복지사의 현실이나, 관장을 하다가 새로 사 입은 블라우스에 똥물이 튀거나 환자 가족과 마찰을 빚기도 하는 병원의 현실은 현재 20대의 학생들이 고대하는 취업 현장이기도 하다. 의식주, 가족과 직장, 삶의 요소요소들이 때로는 불평의 대상이 되지만, 그것을 얻기 위해 또 그것을 선택하는 과정에서 얼마나 노력하고 갈등하고 고민했는지 뒤돌아본다면, 저마다 처한 현실이 불평의 대상일지라도, 결국 모든 것이 내가 지난 시간 동안 꿈꾸고 선택해 온 모습의 이면이라는 것을 깨닫게 될 것이다.

삶의 위트 있는 배신

사실, 20대에 바라던 30대의 삶을 살고 있는 이들이 얼마나 될지는 모르겠다. 되는 대로 흘러가는 삶이었다고 할지라도, 또는 저마다 자신의 삶에 대한 최선의 선택들을 하며 현재에 이르렀다고 하더라도, 인생은 기대나 바람과는 전혀 다른 방향으로 흘러가기도 하기 때문이다. 부익부 빈익빈을 심화시키는 사회 시스템을 침 튀기며 비판하던 친구도 펀드매니저로 일하고

있고, 살림하고 애 키우는 것이 꿈이라던 친구는 원치 않는 싱글라이프를 살면서 더 이상 선도 소개팅도 안 들어온다고 결혼 정보 회사에 가입해야 하는지를 고민하고 있다. 결혼 전 시어머니와 친구처럼 지내고 싶다던 친구는, 결혼 후에 시월드는 멀수록 좋다는 입장으로 완전히 바뀌기도 했다. 그리고 중국 유학 생활을 10년간 하면서 그들의 비단 장수 왕 서방의 장사치 기질이 너무나 싫다던 친구는 한국에 돌아와 성형 상담 코디네이터로 일하며 수많은 중국인 왕 서방(성형 여행객)들을 대상으로 장사치 기질을 발휘하기도 했다. 사회복지 전공이 적성에 안 맞는다며 대기업에 취업했던 친구는 어느 날 갑자기 사회복지직만큼 보람되고 안정적인 생활을 할 수 있는 직장도 없는 것 같다며 복지 영역으로의 재취업을 선언하기도 했다. 그리고 기타리스트로 살 것 같았던 친구는 세무사가 되어 기타 대신 계산기를 두드리고 있기도 하고, 연예인 지망생이던 친구는 자동차 세일즈를 하고 있다. 기대하고 바란 대로 되지 않는 것이 인생이고 현실이라지만, 그들이 20대에 꿈꾸거나 예상했던 모습과는 사뭇 다른 인생길을 선택하고 살아가는 것을 보면, 그래서 '인생은 알 수 없는 것이라고 했던가?' 하는 생각이 든다. 어쨌든 현실은 과거에 바라던 꿈의 언저리에 머물거나 살짝 비틀어져서 삶의 위트 있는 배신을 보여 주는 것 같다.

꿈이 추억이 되는 이유

이제 30대 중반, 친구들 절반 이상이 결혼을 했고 가정을 꾸렸다. 결혼과 출산은 남녀를 떠나, 먹고사는 현실적인 문제 앞에서 더 이상 자유 영혼일 수 없도록 만든다. 직장 생활에 도통 흥미를 갖지 못하던 이도 어떻게든 붙어 있어야 한다며, "월급 주는 곳에 충성하는 거야"라고 말하고, 30대가 되어서도 20대처럼 살아가면 주변 사람들을 고생시키는 결과만 낳는다고 말하기도 한다. 30대 중반이 넘어서도 사법고시를 준비하며 애인이나 가족의 뒷바라지를 받는다든가, 면제되었던 군대를 돌연 자원입대하는 이에게 건네는 친구들의 말은 "용감함" 내지는 "철없음"으로 정리되기도 한다. 대책 없이 사표를 던지고 아내에게 '나를 부탁해'라고 애교를 부렸다던 친구에게도 "멋지다" 또는 "언제 철들래"라고 말한다. 이러한 이중적인 태도는 모두 먹고사는 문제에 스스로 책임을 져야 하는 나이가 되었음을 강조하고 있다. "30대에겐, 연애 시장이든 이직 시장이든, 끝낼 때는 옮길 곳을 먼저 정해 두고 끝내야 하는 거야"라는 지기들의 충고에, 청춘의 자신감 내지는 객기일지도 모르는 그 무언가가 사라진 쓸쓸함과 동시에 우리 사회에 30대를 쉽게 받아 주는 곳이, 사랑이든 조직이든, 참 없구나 하는 생각도 든다. 30대에게 기대되는 역할과 책임을 수행해야 한다는 현실 앞에서, 그렇게 꿈이라는 단어는 서서히 잊혀 가는 듯하다. 얼마 전, "내겐 꿈이라는 단어가 사치가 되었다"라는 친구의 말을 들었다. 먹고살자니 맞벌이를 해야 하고, 애기도 돌봐야 하고, "난 남편에게 경제적 짐을 덜어 주는 보험 같은 존재가 돼 버린 것 같아"라고 덧붙이기도 했다. 지나간 20대의 꿈을 다시 꾸고 싶어 하면, 이제는 대부분 "왜 그래? 세상 모르는 아마추어같이…"라고 반응한다. 그리고 결국 뒤돌아보거나 아쉬워할 겨를도 없이 엄습해 오는 현실의 수많은 일거리와 고민거리들로 하루를 들볶이며 살아간다. 그것이 30대인 것 같다.

정말 우리가 꾸는 꿈의 정체는 무엇일까?

20대 시절, 영화감독이 되고 싶어 밤새 시나리오를 쓰던 친구는 스냅사진 촬영 기사 일과 영화 촬영장 스태프로 밤낮 없이 뛰어다니다가, 다시 영화감독의 꿈을 꾸겠다며 30대 중반이 된 최근에 아내와 아기를 모두 데리고 독일로 유학을 갔다. 그런 것을 보면, 꿈을 꿀 수 있는 나이를 정해 두고 현실적 선택을 강요하는 것은 다름 아닌 우리 자신이었나 하고 자신을 돌아보게 된다. 또 다른 한편으로는 '나의 이런 선택으로 인해 아기와 아내가 고생하겠지'라던 친구의 목소리가 들린다.

사실, 꿈의 정체가 무엇인지 가끔 궁금해진다. 70-80년대, 가족보다는 사회 속 정체감이 강조되던 그때는 "너는 꿈이 뭐니?"라는 질문이 장래의 희망 직업을 묻는 것이었다. 그 어린 시절에 대통령, 소방관, 경찰, 교사, 과학자 등을 답하던 우리가 이제는 스스로에게 다시 묻는다. "너는 꿈이 뭐니?"라고 말이다. 30대 성인이 된 우리는 특정 직업이 꿈일 수도 있지만, 결국 "행복한 나, 행복한 가정, 행복한 사회 만들기"를 꿈꾸고 있지 않을까? 인본주의, 사랑, 배려, 존중, 정의와 같은 가치 지향적 단어를 현실에서 매일 체험하고 살 수 있는 꿈 말이다. 가정에서든 사회의 어느 영역에서든, 30대 중반의 우리들이 현실에 치인다고 할지라도, 그래도 계속 가치 지향적 꿈을 현실화하는 동력이 되었으면 좋겠다.

30대 기혼 여성의 딜레마:
일과 가정, 그리고 자아 찾기

최근 사춘기의 나이가 달라졌다고 한다. 평균수명이 길어지고, 학업의 시간도 길어지면서, 이전 세대에 서른이면 아이를 한둘 두고 있을 나이인데, 요즘은 서른 살이 어른도 아이도 아닌 또 하나의 사춘기인 것 같다. 심리학자 에릭슨은 나이대별로 발달 과업에 따른 이름을 붙였는데, 30대를 미지의 세계라고 했다. 20대 초반에 기대했던 30대는 무언가 안정되고 인생의 길이 보이는 시간일 것만 같았다. 그러나 30대를 살아가는 지금 나의, 또 우리네 모습은 어린 시절의 기대와는 달리 여전히 세상에서 방황하고 치이고 있다. 그래서일까? 뭉크의 〈사춘기〉라는 그림 속의 소녀는 10대 사춘기 소녀의 모습이라기보다는 30대 여성의 정신적 방황과 불안을 보여 주는 것만 같다. 큰 눈 속에 드리워진 불안감, 우리 30대들이 마음속에 하나씩 감추고 있는, 자신의 거울 속 자아가 아닐까?

무엇이 우리를 불안하게 또 방황하게 하는가?

아마도 보다 진지하게 자신의 인생에 대해 성찰하는 시기이기에 불안을 느끼고 방황하는 듯하다. 이전과는 달리, '내 인생에서 내가 진정 원하는 것이 무얼까'에 대하여 보다 적극적으로 고민하고, 환상이 아닌 현실적인 요인과 환경을 생각하고, 그리고 자기 자신의 진짜 모습과 직면하면서, 그동안 꿈꾸어온 자아상이 아닌, 현실 속의 '이것밖에 안 되는' 부족하고, 때론 치졸한 자아상을 만나며 실망하고, 또다시 일어서려 애쓰는 자신을 애처로워 한다. 즉, 10대의 사춘기와는 달리, 30대의 사춘기는 깊은 자아 성찰을 통한 고민과 기대와 연민을 낳고, 하루하루 그렇게 우리는 심리적 방황을 하게 되는 것이다. 하지만 그 방황은 나쁘지 만은 않다고 한다. 세상과 자기 자신을 잘 알게 되면서 현실적인 선택들로 인생을 채워 나갈 수 있기에 말이다. 물론 동의한다. 요즘 잘 팔린다는, 30대들을 겨냥한 심리학 서적들에서도 한결같이 말한다. 방황하고 투쟁하는 30대는 보다 현실적인 생각을 통해 성취 가능한 꿈을 꾼다고.

30대 기혼 여성에게 현실적인 선택이란?

물론 30대인 우리는 꿈의 나라에 사는 피터 팬이 아니다. 20대의 무모함은 없으나 30대의 열정이 있는 나이라서 더욱 적극적이며 현실적인 고민과 선택들을 한다는 얘기다. 서울에서 30대에 접어든 여성들의 삶은 어떤가? 주변을 둘러보았다.

두 살 아래 동생은 25살에 결혼을 하고 27살에 첫 아이를, 30

살에 둘째 아이를 낳았다. 대학을 졸업하고 기간제 교사로 1년을 보냈고, 아이 둘을 낳는 사이에 여러 자격증도 땄다. 만삭의 몸으로 도서관에서 기술고시 공부를 하고, 고사장에 아이를 데리고 가서 감독관에게 아이를 봐 달라 하고 시험을 쳤다던 동생이 안쓰럽고 대단하다는 생각이 든다. 둘째 아이가 돌이 되면서 모유 수유를 중단하고, 큰 아이는 어린이집에, 작은 아이는 친정집에 맡긴 채, 그녀는 이제 31살의 나이에 늦깎이 대학원생으로, 또 인터넷 수학 강사로 사회생활을 다시 시작하였다. 어린 나이에 결혼을 했던 탓도 있겠지만, 그냥 아이의 엄마로만 30대를 살기는 싫다고 하였다. 맞벌이를 해야 서울에서 인간답게 살 수 있다는 말도 덧붙였다. "결혼 이후, 나라는 존재는 사라졌어. 소득공제 받겠다고 카드도 전부 남편 이름으로 되어 있고, 대출 문제로 인해 집 명의도 공동 명의보다는 남편 명의여야 유리해. 하물며 날아드는 공과금 고지서마저도 전부 남편 이름이야. 나를 다시 찾고 싶고, 돈도 벌고 싶어." 몇 년 이상 경력 단절이 되면 재취업하기도 힘든데, 두 아이를 낳고 나니 대학원 진학은 불가피했다고 한다. 여성이기에 오히려 사회에 발을 붙이려면 전문직으로 승부를 봐야 한다며 등록금도 대출을 받아서 대학원에 진학했다.

그녀의 선택과 도전이, 30대의 심리학에서 말하듯, 현실적이며 성취 가능한 것이라고 믿고 싶다. 하지만 그 믿음이 현실이 되기까지는 다른 여성의 희생(친정어머니의 양육 도움)이 있어야 하고, 남편의 소득으로 4인 가족의 생계가 가능해야 한다. 다수의 여성들이 재취업이나 전문직을 위해 대출을 받아 대학원에 가는 선택을 하기엔 현실 여건이 녹록치 않다. 맞벌이를 하고 있는 여성들의 경우, 퇴근 이후의 귀가가 다시 출근하는 기분이라고 한다. 아이들과 하루 일과의 2라운드를 보내야 하기 때문이다.

여성의 고용 그리고 무력감

여성의 고용 상태를 보여 주는 곡선은 M자 형이다. 20대와 40대의 고용률에 비해 현저히 낮은 30대는 출산과 육아의 시기에 엄마와 아내의 역할을 선택하고, 외벌이 가정이 된다. 시간이 흐를수록 여성의 노동 가치는 숙련 노동으로 자리매김하여 올라가는 것이 아니라, 고용 단절을 경험한 후 재취업할 때에는 눈을 낮출 수밖에 없다. 젊은 20대 여성과 다시 경쟁하여 재취업하기란 매우 힘들다. 여성 재고용을 위한 정부의 고용 지원금이나 교육 프로그램들이 마련되어 있으나, 치열한 시장에서 원하는 일자리에 들어가고자 경쟁하면 할수록 고배의 쓴잔을 마시게 되며, 비슷한 상황에 놓여 있는 지기들과 세상을 탓하며 또는 자기 자신을 무가치하다고 평가절하하며 무기력한 상황에 빠진다. 그 속에서 그녀들은 다시 다른 꿈을 꾼다. 앞서 말한 현실적이고 성취 가능한 꿈이란 것을 말이다.

결혼 전에 신문기자였다가 경력 단절 이후 분식집 사장이 된 분도 있고, 외국계 기업에 다니다가 경력 단절이 된 분은 미용 기술을 배워 작은 미용실을 차리기도 하였다. 일부는 학습지 교사로, 또 일부는 보험 설계사로, 또는 마트에서 일하거나 새로이

창출된 고용 시장인 요양보호사와 같은 사회 서비스 영역에서 새로운 꿈을 꾼다.

아파트 값 상승이나 아이들 사교육에 인생을 올인 하는 그녀들은, 어쩌면 그녀들이 노력하고 꿈꿀 수 있는 영역에서 치열하게 살아가는 것이 아닐까? 자아 성찰을 통해 일과 가정을 양립시키지 못하고 상실된 자아를 다른 가족 구성원을 통해 보상받으려는 그들을 우리는 동네 아줌마라고 일컬으며 닮기 싫어 할지 몰라도, 대한민국 기혼 여성들이 꿈꿀 수 있는 미래에 대한 비전이란 것이 아파트 값 상승이나 자녀의 상위권 대학 합격밖에 없다면, 이것은 그들의 잘못만은 아닐 것이다.

30대 초반의 두려움

결혼과 일과 가족 개념의 재정립이 혼재한 상태에서, 과연 스스로에게 충실하고 먼 훗날 후회하지 않을 선택을 하고 있는가? 그리고 그 선택은 과연 현실적이고 성취 가능한 꿈을 계속 꿀 수 있도록 도와주는가? 현실이 부여한 과업들을 이루느라 우리의 진짜 선택은 또 유예되고 있지는 않는가? 그중에서 특히 결혼과 출산과 양육은 어떤 문제인가? 35세 이전에 출산을 해야 아이와 산모가 건강하다는, 사실인지 아니면 그냥 유포된 믿음인지 알 수 없는 얘기들, 경력 단절 이후 세상 속으로 다시 나가기에는 녹록치 않은 사회 시스템, 그로 인해 서른 즈음의 여성들은 결혼이라는 것, 출산이라는 것 앞에 쿨 해질 수 없다. 아이 셋을 기르면 국가유공자라는 말이 왜 나왔겠는가. 여자로,

245

엄마로 살아간다는 것은 우리가 그동안 꿈꾸어 온 미래를 너무나 초라하게 만들지 않는가? 다양한 가족 형태가 공존하는 현대사회라고 하지만, 결혼을 하고 아이를 낳아 가정을 꾸리는 것이 여전히 정상적으로 또는 이상적으로 기대되는 일인 가운데 여성은 여전히 고민과 갈등에 휩싸이게 된다. 왜냐고? 서른이 될 때까지 내가 기대한 나와 서른 이후에 내가 살아갈 시간들이 너무나 다르고, 또 지극히 현실적인 선택들이 인생사 속에 꽉 차 있다는 답답함 때문은 아닐까?

그럼에도 우리는 또 40대를 꿈꾼다: 현실 속에 매몰된 나를 위한 마취제

희망이란 가장 독한 마취제가 아닐까? 현실의 난제들을 잊고, 희망을 바라보며 하루를 빡세게 열정을 다해 살아내는 우리네 여성들, 어쩌면 40대에는 무언가 달라질 거야를 연신 되뇌며, 우리는 희망이라는 마취제를 스스로에게 투여하고 있는지도 모른다. 몇 년 뒤엔 대학원에 가야지, 적금 얼마짜리를 탈 거야, 보다 나은 환경으로 이사도 가야지, 우리 아이에게 부끄럽지 않은 엄마가 될 거야, 또는 나 자신에게 부끄럽지 않은 30대를 보냈노라고 당당하게 살 거야 하면서, 스스로를 추스르고 다짐하며 오늘 하루도 열정으로 살아간다. 30대, 부모로부터 세뇌된 인생 설계가 아닌, 나의 주체성에 기반을 둔 인생 설계를 할 수 있는 시기인 것이다. 현실을 견디기 위해 희망이라는 마취제를 투여하는 방식이라 할지라도, 30대인 우리는 또 40대를 꿈꾸어 본다.

사회복지 관련직, 여성 노동의 사회화

사회복지 전공과목을 듣는 학생들을 보면, 8:2의 성비로 여성이 많다. 실제 사회복지 현장에 나가 보아도 여성 사회복지 종사자 수가 남성 종사자 수에 비해 훨씬 많다. 왜 사회복지직에는 여성의 비율이 높을까? 개인적으로, 현재 진행형인 이 질문은 학부 때 참석했던 어느 행사장에서부터 시작되었다. 전국의 사회복지 전공자들이 사회복지협회의 행사 때문에 잠실 경기장에 모인 적이 있었다. 경기장에 들어서는 순간 나는 깜짝 놀라고 말았다. 주변을 둘러보니 다 여자들뿐이었다. 여고를 졸업한 까닭에 그리 낯설 것도 없었건만, 그 넓은 경기장 관중석을 메운 사람의 90% 정도가 여성이었다. 어색함을 떠나 무언가 이상하다는 생각이 들었고, 도대체 사회복지를 전공으로 택한 사람의 다수는 왜 여성일까 하는 의문만이 남았다. 그리고 그 의문은 10여 년이 지난 지금도 그대로이다. 사회복지학과 학생들의 성비는 학교마다 다르지만, 몇 학교에 강의를 다녀 보니 거

247

의 8:2 내지는 7:3 수준으로 여성의 비율이 높다. 왜 사회복지는 예나 지금이나 여성이 선호하는 전공이자 동시에 남성들의 일부만이 희망하는 영역으로 존재하고 있을까? 이 오래된 의문은 현재 진행형이자 미래의 사회복지에도 계속될 것인가? 이제 와서야 사회복지 분야의 성별 비율이 지니는 의미에 대해서 스쳐 지나갔던 옛 생각들을 하나씩 끄집어내어 곰곰이 되씹어 본다.

성에 대한 고념관념이 직업과 전공 선택에 미치는 영향

직업과 전공 선택에 있어서 성별의 영향이 이토록 클 줄은 미처 생각도 못했다. 우리 사회 내에 깊이 뿌리박힌 직업에 대한 성역할의 관념은 여전히 유효하며, 간호, 보육, 복지 등은 여성에게만 적합한 직종으로 판단되는 듯하다. 대학에 진학하기 전, 사회복지 전공을 택할 때, "복지는 돈 많은 사람들이 자선사업하는 거야"라면서, "너희 집 부자니?"라는 담임선생님의 말씀을 들은 적이 있다. 그리고 마지막으로, "네가 장애도 있고 여성이기에, 그래도 메리트가 있는 전공일 것이다"라는 말씀도 잊지 않으셨다. 십여 년 전의 일이지만, 또렷하게 기억난다. 막연하게, '사회문제에 대하여 공부하는 학문이라면 좋겠다'는 기대를 했던 나에게 부자들이 하는 일이라는 말이나, 혹은 여성 장애인으로서 일하기에 괜찮은 영역이라는 말은 충격이었다. 물론, 나중에 사회복지를 공부하면서, 복지의 역사에서 정말로 부유한 귀부인들이 민간 사회복지의 역사를 열었고, 또한 여성들이 많이 진출해 있는 일자리라는 사실도 인정하게 되었지만, 오래된 선생님의 말씀은 이제 사회복지 영역에 대한 사람들의 편견을 담고 있을 뿐이라고 반박해 보고 싶다. 복지는 자선의 영역이며, 또한 여성들이나 장애인들이 일하기에 좋은 직종이라는 말에 대하여 심도 있는 반론을 제기하고만 싶다.

여성들이 일하기에 괜찮은 일자리!?

그러나 아직도 나의 이런 반박하고 싶은 마음과는 달리, 우리 사회에는 여전히 십여 년 전의 선생님의 생각과 판에 박힌 듯이 똑같은 생각들이 만연해 있는 듯하다. 국가 복지의 영역이 상당 부분 성장해 왔음에도, 사람들은 복지를 자선과 동일시하거나 남성보다는 여성의 일로 여기는 등의 일이 비일비재하다. 달라진 것이 있다면, 그 이유가 좀 더 현실적으로 변한 것 같다. 예전에는 복지 업무의 속성이 여성성과 맞아 떨어지기에 여성의 일이라고 보았다면, 요즘은 사회복지직이 맞벌이 여성에게 보다 나은 근무 환경을 만들어 주기 때문이라는 현실적인 이유를 제기한다. 사회복지 업무의 특성과 근무 환경상 여성들이 다른 직장에서 일하는 것과 비교해 보면 비교적 편하게 일할 수 있고, 출산과 육아에 대한 배려도 다른 직종보다 잘 되어 있기 때문이라고 말한다. 넘버 3라고나 할까? 여성의 직업으로 좋다고 여겨지는 넘버 1은 방학이 있는 교사, 넘버 2는 안정적인 공무원, 넘버 3는 사회복지사라고 여겨지고 있는 듯하다. 급여가 대기업 등의 타 직종보다 상대적으로 낮더라도 가늘고 길게, 그리고 미래에도 사회복지 영역은 상대적으로 여성이 일하기 좋은 환경일 것이라는 생각에(즉, 다른 영역의 일자리는 미래에도 여성 친화적일 것 같지 않으므로) 사회복지직에 많은 여성들이 문을 두드린다. 실제로, 대학 동기들 중에서 2000년대 초반에 사회복지 전공으로 졸업하고 대기업에 취업한 친구들 중 몇몇은 이제 사회복지직으로 이직을 꿈꾸거나 계획하고 있다. 결혼과 출산, 육아 시기를 거치면서 이전의 직장에 사표를 낸 친구들은 대학원 진학을 통해 사회복지직으로의 전향을 계획하거나 사회복지관에 봉사라도 다니면서 현장의 흐름과 현실을 파악하려고 한다. "급여는 대기업보다 적지만 덜 경쟁적이고, 특히 여성 친화적이어서, 나이가 들어서도 계속 경력을 쌓으면서 일할 수 있을 것 같아"라고 그들은 말한다.

　여성들이 일하기에 괜찮은 일자리라는 것은 어떤 일자리를 말하는 것일까? 왜, 그냥 좋은 일자리가 아닌, 여성들에게 좋은 일자리라고 따로 구별하여 말할까? 여성의 사회적 역할과 더불어 가정 내에서 남성과 구별되는, 분담 불가능한 출산의 역할 때문인가? 가사와 양육은 분담 가능한 일이지만 남성보다는 여성의 일로 인식되었고, 여성들이 더욱 많이 담당해 온 영역이 맞벌이가 보편화되어 가고 있는 현시점에서도 여전히 여성의 몫으로 남아 있기 때문인가? 그래서 가정과 일을 양립시키기에는 경쟁적인 기업 환경보다는 여성 친화적인 근무 환경을 제공하는 복지 분야의 일이 낫다고 생각하는 것일까?

사회복지직은 진정 여성 친화적인가? 여성의 노동이 저임금으로 사회화된 것은 아닐까?

이 시점에 또 하나 언급하고 싶은 것은 사회복지직의 일의 속성이다. 현재 사회복지 영역에서 이루어지는 많은 일들을 과거에는 누가 수행했는가? 바로 여성이었다. 여성들은 어머니와 아내라는 이름으로 가정 내 보건복지부 장관이 되어 가정의 대소사를 비롯하여 아이와 노인을 돌보고 후손을 양육하고 교육하였다. 그러나 여성들도 남성과 동등하게 교육받고 사회 진출이 활발해지면서, 가정 내 여성의 역할은 사회의 몫이 되었다. 동시에 가족 해체 등의 가족 구조의 변화는 더욱 국가의 복지 책임을 강조하는 환경을 만들었다. 이제 아동을 돌보는 일은 보육 시설의 일로, 노인을 돌보는 일은 재가 노인복지나 요양 시설 등의 일로 바뀌어 가고 있다. 가사의 몫도 가사 도우미 지원으로, 교육의 몫은 학교와 방과 후 프로그램 및 사교육 기관으로 넘어가고 있다. 장애인의 삶도 가족의 문제가 아닌 사회의 문제로 인식되고, 공적 영역에서 자립 생활과 활동보조원도 지원하고 있다. 그동안 너무나 오랫동안 사적인 영역으로 생각된 일들이 이제는 거의 다 사회화되면서 공적인 일로 여겨지고, 그 자리에 어머니와 아내의 역할은 점점 줄어들고 있다. 즉, 가정 내 여성 노동의 영역이 하나둘씩 사회화되고, 복지라는 공적 영역의 이름표를 달고 행해지고 있는 것이다.

그런데 어떠한가? 과거에 어머니의 이름으로 하던 업무를 이제는 사회적으로 분담하여 사회복지사라는 이름으로 수행한다

251

고 하나, 그들 역시 과거와 같은 여성이다. 물론, 가정 내의 여성의 업무가 사회복지로 바뀐 것이라는 데 이견이 있을 수도 있다. 사회복지 서비스 영역 외의 소득 보장, 의료, 고용 보장 등을 논한다면, 복지를 너무나 좁은 시각으로 평가한 것 아니냐고 비판받을 수 있다. 하지만 사회복지는 여성 노동이 사회화되면서 나타난 필연적인 결과인 것도 사실이지 않은가? 예전에는 내 집에서 내 아이와 내 가족 구성원을 돌보던 것이, 여성의 노동시장 진출이라는 미명 아래 다른 집의 아이와 다른 가족 구성원을 돌보는 것으로 바뀌었다. 차이가 있다면, 급여라는 것이 주어진다. 여성의 가정 내 노동에 대하여 무임금 노동으로 치부했던 것이, 이젠 사회복지라는 이름으로 행해지면서, 저임금 노동으로 살짝 바뀐 듯하다. 사회복지 영역은 여성의 가사 노동이 사회화된 것이라고 보기에, 여전히 여성의 일로 인식되는 것은 아닐까? 그렇기에 사회복지직은 여성의 가정 내 노동에 대해 무임금으로 치부했던 경험에 근거하여, 봉사와 희생정신을 담보로 하여 저임금인 것이 또한 당연시되고 있는 것은 아닐까? 여성의 가정 내 일들을 우습게 보았듯이, 우리 사회는 마찬가지로 사회복지직의 일을 가벼이 여기고 있지는 않은가? 자꾸만 되묻게 된다.

사회복지직의 근무 환경과 저임금, 업무의 속성과 여성들이 선호하는 이유에 대하여서 좀 더 많은 논의들이 가능하겠지만, 사회복지 관련직은 과거에 여성들이 무임금으로 했던 일들이라는 인식에서 저임금 직종으로 자리 잡았고, 저임금이기에 또다

시 가정 내 보조 수입원의 역할을 담당하는 여성들이 다수 근무하고 있는 것 같다.

성 역할에 대한 고정관념이 그 직업에 영향을 미치고, 그 일자리는 저임금으로 유지되며, 여성에게 보조적 소득원의 역할과 가정 내 여성의 역할을 이중으로 기대하는 우리 사회에서, 어쩌면 사회복지직은 기가 막힌 대안으로 자리 잡았다는 느낌이 든다. 학부 때부터 들어 온 '사회복지직은 전문직이다'라는 말이 그저 씁쓸하게 느껴질 뿐이다.

노인 요양 시설, 현대판 고려장?

〈나라야마부시코〉라는 영화를 본 적이 있다. 수백 년 전 일본의 옛 생활상을 그린 영화로, 인간의 가장 기본적인 생의 욕구를 리얼하게 담아낸 영화이다. 10년 전쯤 개봉했던 영화인데, 제목마저 너무나 낯선 까닭에 잊고 지냈었다. 그런데 왜 갑자기 이 영화의 장면들이 너무나 생생하게 떠올랐을까?

〈나라야마부시코〉

이 영화는 우리가 흔히 알고 있는 고려장을 다룬 영화다. 70세가 되어 살아 있는 사람들에게 짐이 되지 않기 위해서 나라야마라는 산으로 가서 홀로 생을 마감하는 오린의 이야기가 영화의 주요 내용이다. 눈이 펑펑 내리는 날에 자식 등에 업혀 와 아무것도 먹지 않은 채 산 정상에 꼿꼿이 앉아 죽음을 기다리던 그 노인의 표정은 10년이 지난 지금도 뇌리에 생생히 박혀 있다. 아마도 영화 속 오린의 표정이 오늘날 요양 병원에 계시는 노인들의 표정과 참 닮아 있기에, 아니 집에 계시는 나의 할머니의 표정과 참 닮아 있기에 더욱 잊히지 않나 보다.

우리 할머니 때문이었다

할머니는 올해 93세로 장기 요양 등급을 받으실 만큼은 아니지만 거동이 많이 불편하시고 인지 능력도 저하되어 가족을 알아보지 못하실 때가 많다. 건강하셨을 때는 시골에서 할아버지와 지내셨다. 10년 전쯤 할아버지가 돌아가시고, 주변 친구분들도 하나둘씩 세상을 떠나시고 난 후, 서울 우리 집으로 오셨다. 하나뿐인 아들에게 자신의 노년을 의탁하시기 위해서.

이제 서울에서 일곱 번째 봄을 기다리고 계신다. 정신이 드셨을 때는 "어서 가야지. 그만 살아야지"라고 연신 이야기하신다. 그러다가도 또 갑자기 손녀인 내게 "누구슈?"라고 묻고, 건네 드리는 간식도 뱀으로 보이시는지, "뱀이야. 아이구 무서워"라면서 집어 던지시기도 한다. 주로 할머니는 멍하게 허공을 응시한 채 시간을 보내신다. 그런 할머니를 볼 때면, 눈물이 나기도 하고 짜증이 나기도 한다. 어린 시절 장터에 데려가 꼬까옷을 사 주시기도 하고, 시골에서는 흔하지 않던 카레를 미군 부대에서 배워서 만들어 주시기도 했다. 가마솥에 엿을 고아 주실 때면 나는 하루 종일 신나 있었고, 팔 없는 애라고 놀림을 당하기라도 하면 부지깽이를 들고 와서 온 동네를 야단치셨던 할머니셨다. 대학에 합격했다고 광에서 신문지에 싼 돈뭉치를 꺼내와 주셨을 때만 해도 참 건강하셨는데, 이젠 내 얼굴도 가끔 못

알아보시니 눈물이 난다. 멍하게 있는 할머니의 표정과 가끔 중얼거리시는 그 모습이 이젠 좀 짜증도 난다. 그 표정은 영화 속 고려장의 주인공 오린과 똑같다. 무념무상의 세계인 것도 같고, 무언가 이어질 환희의 세계를 바라는 것도 같고, 두려움 또한 드리워져 있는 그 표정은 수십여 년 후에 우리 모두가 한 번쯤 각자의 얼굴에 담게 될 표정일 게다. 그럼에도 불구하고, 자손들에게 그런 할머니는 때론 안타까움으로, 때론 부담으로 느껴지나 보다. 올 겨울 밤새 발가벗고 온 집 안을 돌아다니시는 등 정신을 못 차리시는 시간이 길어지자, 아버지는 처음으로 말하셨다. "어머니도 이젠 돌아가시는 게 낫겠다"고 말이다.

노인 복지는 어디에?

할머니가 여생을 보다 행복하게 사셨으면 좋겠다고 생각하며, 몇 년 전 서울에 처음 오셨을 때, 동네 노인정에 모시고 갔었다. 80대 노인은 싫다면서 보내지 말라는 동네 어르신들이 그곳에 계셨다. 60대 초·중반의 건강한 할머니, 할아버지들은 관광이나 등산, 또는 집 안의 소일거리로 시간을 보내고, 60대 후반에서 70대 초반의 어르신들이 노인정의 주축인 듯했다. 그리고 70대 후반부터 80대는 요양 시설이나 병원에서 시간을 보내는구나 하는 생각이 들었다. "우리가 상전을 모실 일이 있느냐"는 어르신들의 말 한 마디로, 당시 80대 중반인 우리 할머니는 노인정에 간 첫날 퇴짜를 맞으셨다. 우리가 생각하기에는 70대나 80대나 같은 노인으로 여겨지나, 실상 그들의 입장에서

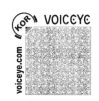

는 세대가 다르다. 보낸 시대가 다르고 생각이 다를 터. 게다가 유치원 아이들 이상으로 또래 문화를 중요시하는 어르신들의 특성을 고려해 보면, 그분들의 문전박대가 이해 못할 일도 아니었다. 그 뒤로 할머니는 주로 집에만 계셨다. 그리고 허공과 대화하는 할머니를 보며 노인복지에 대한 수많은 생각이 들었다.

노인복지는 무엇일까? 노인의 삶의 질 향상일 것인데, 실제 한국의 노인복지의 현실은 부양자의 부양 부담을 덜어 주는 데 주로 초점을 맞추고 있지는 않은지 다시 생각해 본다. 장기 요양 보험 제도가 도입되고 난 후, 최근 수도권 등지에 수많은 요양 시설들이 들어서고 있고, 동네마다 재가노인복지센터들이 생겨나고 있다. 이는 노인을 위한 것일까? 노인을 돌보기 어려운 젊은 세대들을 위한 것일까? 모두를 위한 것이라고 볼 수 있지만, 엄밀히 말해서, 치매와 뇌졸중 등의 중증 질환을 앓고 있는 노인들을 돌보는 새로운 방식의 사회적 합의일 뿐이다. 특히 집 안에 누워 계시면 가족 중 한 사람이 수발을 들어야 하고 그 비용도 만만치 않기 때문에, 국가적으로 합심하여 부담을 나누자는 의미에서 시행되는 사회보험제도인 것이다. 누구를 위한 것일까? 결국, 부양 부담을 지는 젊은 세대를 위한 제도인 것이다. 오늘날, 저출산 고령화로 인해 노인 인구가 늘어나고, 이에 대한 사회적 비용을 줄이려는 노력들이 다양한 방식으로 표출되고 있다. 최근에 사회적 관심을 모았던 존엄사 문제도 결국에는 죽음을 앞둔 노인들의 의료비 절감이 목적이었다고 생각된다. 노인 일자리 창출을 위한 다양한 노력들도 일하는 노인들에게 국가의 연금 지급을 적게 하기 위한 것으로 해석된다. 장기 요양 보험도 노인을 돌보는 사회의 총체적인 노동 비용을 덜기 위한 것이다. 우리 사회의 부담을 줄이는 방식으로 노인복지가 행해지고 있는 것은 분명하다.

이렇게 새롭게 짜인 사회적 합의와 시스템은 우리 사회를 복지국가로 만들어 가고 있다. 그리고 이러한 새로운 질서가 노인 당사자의 삶의 질 향상에도 기여하리라고 우리는 믿고 싶다. 하지만 요양 시설에 맡겨진 노인 분들은 하루하루 그냥 죽음을 기다린다고 한다. 자녀들이 찾아오는 횟수도 점차 줄어들고, 마치 나라야마 산 정상에서 죽음을 기다리는 노인처럼 시간을 보낸다. 가족과 함께 살고 있는 나의 할머니조차 허공만을 응시한 채 시간을 보낸다. 밥을 주고 옷을 갈아입혀 주는 사람들은 있으나, 이들의 얼굴은 왜 고려장을 당한 듯 보일까? 이들의 얼굴에 화색이 돌고, 미소가 번지고, 정신이 드는 그런 복지는 어떻게 하면 가능할까? 죽음을 앞둔 노인들에게 우리는 허공의 시간만을 줄 수밖에 없는 걸까? 그렇다면 오늘날 우리가 복지국가라고 이름 붙인 이 사회는 고려장을 지냈던 수백 년 전의 사회와 무엇이 다른지 한 번 생각해 봐야 할 것이다.

영화 속에서 노인은 그렇게 다시 자연의 일부로 돌아가고, 살아남은 젊은 세대들은 노인의 옷을 나눠 입고, 눈이 온다며 노래를 부르고 즐거워하던 영화의 뒷부분도 잊히지 않는다. 떠나가는 자와 이 땅에 남은 자 사이의 차이는 나이였다. 70세라는 나이가 되면 살 만큼 살았으니 떠나라는 그 사회의 암묵적 동

조가 제도화되어 그렇게 노인을 떠나보내고 있었다. 오늘날에
도 기력이 쇠하고 노인정에서도 추방당한 우리네 어르신들은
복지라는 이름하에 새롭게 짜인 현대판 고려장 속에서 허공만
을 응시한 채 그렇게 죽음을 기다리게 하고 있지는 않은가? 또
는 좀 더 적극적으로, 존엄사라는 이름으로 그들을 이 세상에서
강제 추방하고 있지는 않은가?

마치며…

오늘도 허공을 응시하고 계실 할머께서 이번 겨울이 끝날
즈음에 돌아가실지도 모른다는 생각이 든다. 한 번이라도 더
말동무도 되어 드리고 맛있는 것도 챙겨 드려야겠다. 고려장 아
닌 고려장이 되어 버린 지금, 할머니에겐 무엇보다도 가족의 눈
길과 손길이, 말 한 마디가, 그리고 애정 어린 마음이 가장 필요
할 테니 말이다.

할머니의 장례식

　무더운 여름의 끝자락이나 깊은 겨울이 지나갈 때면 누군가 생을 다했다는 소식이 전해져 온다. 대부분 연로하신 분들의 사망 소식이었다. 아마도 기력이 다하여 덥거나 추운 시기를 견디지 못하고 육체와 결별을 하는 것 같다. 일주일 전에 나의 친할머니께서도 세상을 하직하셨다. 95세 나이로 넬슨 만델라보다도 나이가 많고, 역사책에나 등장하는 3.1운동이 일어났던 해에 태어나신 분이다. 증손자를 셋이나 보셨고, 치매가 좀 있긴 했으나, 몸은 특별히 편찮은 데 없이 계시다가 주무시던 모습 그대로 돌아가셨다. 이에 사람들은 호상이라고 했다. 가까운 사람이 떠나가면 산다는 건 무얼까 하는, 그러저러한 초연한 생각에 빠져든다. 할머니를 떠나보내며 이 글을 써 볼까 한다.

　호상에도 눈물은 있다
　이별의 슬픔과, 더 잘해 드리지 못한 아쉬운 마음과, 이젠 돌

아가실 때가 되었는데 하면서, 때로는 이 날을 기다리기도 했던 죄송한 마음에 눈물이 났다. 100일 전부터 대소변을 받아내는 상황이 오자, 더욱 돌아가시길 바랐던 것이 사실이다. 할머니를 수발하는 엄마의 고생을 지켜보는 딸의 입장에서는 아무리 좋았던 할머니라도 이젠 가셔야지 하는 생각뿐이었다. 그런데 막상 돌아가셨다는 소식을 듣고 장례식을 치르고 나니, 마음이 시리고 멍해진다. 그러다가 건강하셨던 생전 모습이 떠오르며 콧잔등이 매운 눈물이 나기도 한다.

호상이라고 해도 떠난 할머니에 대한 추억과 남은 자손들의 삶의 무게는 눈시울을 적시나 보다. 장례식에서는 자기 설움에 운다는 말을 들은 적이 있다. 떠나간 자를 위한 눈물이 아니라 남겨진 자신으로 인해 운다는 것인데, 남겨진 이들이 자신의 생의 수명이 다할 때까지 짊어져야 하는 저마다의 삶의 무게와 서러움을, 장례식을 핑계 삼아 펑펑 쏟아낸다는 의미였다. '삶이란 게 겨우 이렇게 떠나면 그만인 것을, 우리네는 왜 하루하루 아등바등 살아가는 걸까?' 하는 생각이 든다. 생에 대한 아쉬움 내지는 집착의 덧없음을 알게 되는 순간이었기에 더욱 눈물이 났던 것 같다.

이번에 난생 처음으로 입관하는 것을 지켜보았다. 할아버지께서 돌아가셨던 13년 전에는 어리다는 이유로 입관을 볼 수 없었다. 입관식에서 본 할머니의 모습은 참으로 깨끗했다. 대소변을 받아 내던 때의 모습과는 달리, 장의사들이 치장한 덕분인지 얼굴에 주름도 없고, 울긋불긋한 얼굴빛도 아닌 화사한 낯

빛에 웃는 얼굴을 보이고 계셨다. 흐느끼는 가족들에게 "나는 괜찮다"라는 할머니의 목소리가 들려오는 듯했다. 한 사람이 태어날 때는 본인은 울고, 지켜보는 이들은 웃는다. 그런데 한 사람이 세상을 떠나갈 때는 거꾸로 본인은 웃는 얼굴이고, 지켜보는 이들은 울고 있다. 저세상이 이 세상보다 좋은 걸까? 세상에 나올 때는 울고 돌아갈 때는 웃고 있으니 말이다.

역사는 삶, 사람, 사랑을 타고 흐른다

임진강 건너 북쪽이 고향인 친할머니는 남한에 친척이 없다. 38선이 그어진 이후에도 강 건너 친지들을 만나러 얼마간 오갔다고 하셨지만, 언젠가부터 전혀 갈 수 없는 그곳이었다고 하셨다. 그래서였을까 유난히 자녀들을 많이 챙기시고 항상 본인보다는 자식이나 손주들을 위해 주셨다. 세련된 외할머니는 "니들은 젊어서 좋은 것 많이 보고 먹으니, 제일 좋은 것은 내가 가져야 한다"고 하시며 여행도 많이 다니시고 맛있는 음식도 먼저 챙겨 드셨던 신식 할머니였는데, 친할머니는 항상 양보하고 주시기만 했던 분이셨다. 19살에 시집와서 2달 만에 혹독한 시집살이가 싫다고 시어머니에게 한옥 방 문짝을 떼어 내동댕이쳤다던 이야기를 들은 적이 있다. 그렇게 고분고분하지 않은 분이었다는데, 손녀인 내게는 좋은 기억만 남아 있다. 장날이면 장터에도 데려가셨고, 약과나 엿도 많이 만들어 주셨고, 거북이나 가재, 개구리를 함께 잡으러 다니기도 했고, 마당에서 기를 수 있도록 해 주시기도 했다.

6.25 전쟁이 나자마자 할아버지는 가족을 남겨 두고 혼자 도 망가셨다고 한다. 전쟁에 끌려 나가지 않으려고 먼저 도망을 했다는 이야기가 영화 속 영웅들과는 너무나도 달라 배꼽을 잡 고 웃었던 적이 있다. 그리고 할머니는 혼자 이웃의 산간 마을 로 피난을 가서 전쟁 4개월 만에 아빠를 낳았다. 임산부와 아이 들을 버려두고 혼자 도망갔다던 할아버지를 생각하면 아직도 우습다. 전쟁이 끝나고 마을로 돌아와 두 분은 다시 만나셨다 고 한다. 그래서인지, 임진강 근처에 사시던 할머니 할아버지는 북한의 동태가 심상치 않을 때면, 서울에 사는 우리들에게 나중 에 어디서 만날지 연락을 하시곤 했다. 이 시대의 전쟁은 거의 다 죽는 거라고 말씀을 드려도, 할머니는 과거의 전쟁만 기억 하셨다. '아프가니스탄' 내전 뉴스가 텔레비전에 나왔을 때 '앞 산'에 전쟁이 났느냐고 얘기하셔서 모두 웃기도 했었다. 할머니 의 장례식장에서 7개월 된 아기를 데리고 이틀 밤을 보내는 것 도 나에겐 힘들고, 또 챙겨야 할 보따리도 너무나 많았는데, 할 머니는 임산부의 몸으로 어떻게 피난을 갔으며, 어떻게 그 와 중에 출산까지 했을까. 시대가 사람을 강하게도 하고 약하게도 하는가 보다.

어린 시절, 할머니 댁은 항상 사람들이 자주 찾아오는 마을 회관 같은 집이었다. 마을 할머니들이 먹거리와 일거리를 가지 고 와서 한나절 시간을 보내고 갔다. 대문이 커서 나는 큰대문 집 손녀라고 불리기도 했는데, 그때 드나들던 할머니의 친구 분 들도 이젠 모두 돌아가셨다. 시간은 역사만큼 흘러 장례식장에서 그분들의 손자 손녀들을 만날 수 있었다. 동치미 국물에 떡을 나누어 드시던 할머니들의 겨울 풍경을 대신해서, 그 손자 손녀들이 장례식장에서 육개장을 나누어 먹는 풍경을 만들었다. 할머니의 삶을 거름 삼아, 오늘 우리가 살고 있음을 깨닫는다. 일제강점기와 전쟁 같은 근현대사의 질곡의 시간을 보내신 그 세대의 삶과 사랑과 사람들에게 고생하셨노라고, 감사하다고, 우리도 우리에게 주어진 시대를 열심히 살아 보겠노라고 전하고 싶다. "삶, 사람, 사랑." 이 세 가지 단어는 닮은꼴이다. 언어학이나 어원 등을 공부한 적은 없지만, 사람이 삶이고, 곧 사랑이 아닐까? 각 시대의 삶과 사랑, 사람을 통해 역사는 계속되나 보다. (정치와 복지 논쟁을 둘러싼 세대 갈등이 심화되고 있는 이때, 살아가는 시대가 서로 달랐음을 이해하고 서로 양보하면 어떨까 하는 생각도 든다.)

장례식과 몸에 대한 단상

장례식을 치르면서, 몸은 영혼을 담는 그릇이라는 생각을 했다. 아침에 눈을 뜨면 몸을 일으키고, 꿈나라에 갔던 정신이 돌아오면서 현실을 인지하고 또 하루를 살아간다. 혼을 담는 그릇으로서의 몸의 시간은 길어야 100년인데, 하루해로 치면 너무나 긴 시간이고, 영겁의 역사에 비추어 보면 참 짧은 시간인 듯하다. 짧고도 긴 인생의 시간을 살아가면서, 사람을 만나고 가족을 꾸리고 자손도 낳고 그렇게 역사에 작은 흔적을 남기며 우리는 살아간다. 나의 할머니도 이런 사람의 역사를 살다 가

신 것 같다. 그런데, 우리들은 왜 심장이 멈추면 3일 이내에 묻히거나 태워지는, 오래 살아야 100년 사는 몸이라는 것에 집착하는 것일까? 좀 다르게 생긴 사람을 차별하거나 조롱하고, 최대한 아름다운 그릇(몸)을 갖기 위해 온갖 수고를 아끼지 않는 우리네 모습을 돌아보게 된다. 이는 인간 자체로서의 존재 가치가 아닌, 몸의 유용성에 대한 가치를 너무나 높게 평가하기 때문일 것이다. 심장이 멎은 지 3일 만에 사라지기 시작하는 몸을 대하며, 장애인으로서 좀 다른 몸을 가진 것이 조롱의 대상이 되는 것도, 또 그에 견디지 못하고 분노하는 것도, 너무나 가벼운 생의 먼지에 불과한 것은 아닌가 싶다.

명복을 빌며

할아버지 산소에 합장을 한 할머니는 신랑을 맞는 신부 같았다. 할머니는 먼저 가신 할아버지와 지금쯤 신혼여행을 다녀와 새 신방을 차리고 계시지는 않을까 하는 생각을 하며 가신 분에 대한 아쉬움과 남은 자로서의 슬픔을 달래 본다. 내가 살아갈 삶과, 사람들과, 사랑에 대해 하루하루 충실해야겠다. 그것이 남겨진 내 삶의 몫인 듯하다.

함께 행복해지기 위한 새해 계획

새해가 밝았다. 이맘때면, 연락이 뜸했던 지인들이나 친척들에게 새해 인사를 전하기도 하고, 새해의 계획을 야심차게 짜 보기도 한다. 다이어트, 금연, 자격증 공부, 진학, 승진, 이사 등등 각자의 자리에서 바라는 일들을 그리면서 구체적인 실천에 돌입하기도 한다. 비록 작심삼일로 끝난다고 할지라도, 1월 초라는 시간은 무언가 계획하고 시작해 보는 힘이 있는 시간이다. 그런데 이런 밝고 기운찬 새해가 누군가에게는 더 외롭고 힘든 시간이기도 한 듯하다. 최근 몇 년간 들려온 유명 인사들의 자살 소식에서부터 주변 지인의 자살 소식을 들을 때면, 새해의 기운찬 계획들이 한꺼번에 무의미하게 느껴지고 무기력해지기까지 한다.

자살과 남겨진 자들의 아픔
알고 지내던 가정에서 딸이 자살을 하고, 몇 주 뒤에 오랫동

안 병석에 계시던 아버지가 자살을 했다. 어떤 이들은 딸이 남녀관계의 어려움으로 인해 자살했다고도 하고, 어떤 이들은 우울증이 있었다고도 했다. 몇 달 뒤, 그 가족 중 한 명을 만났을 때, 어떻게 지내는지 정도를 물을 수 있었을 뿐, 왜 자살을 했는지는 차마 물을 수가 없었다. 남겨진 자의 삶의 몫을 담담하게 살아내고 있는 그에게 건넨 말은 그냥 "군대 언제 가니?"였을 뿐이었다.

유명인 1명의 자살은 600여 명에게 영향을 미친다는 통계자료도 있지만, 주변인 1인의 자살이 가까운 사람들에게 미치는 영향은 실로 막대하다. 자살이 도미노처럼 이어지기도 하고, 남겨진 가족들이 살아갈 힘을 다시 얻기까지는 상당한 시간과 노력이 필요하다. 시간이 약이라는 말이 있지만, 혼자서 이 시간을 고군분투한다면 깊은 우울감에서 빠져 나오기 어렵거나 더 힘들어질 뿐이다. 인간 본연의 긍정의 힘에만 기대기에는 사람이 약한 존재이기 때문이다. 종교의 도움을 받거나 누군가로부터 지지와 이해와 공감을 받으면 힘든 시간을 보다 수월하게 넘기기도 한다. 따라서 사회복지 영역에서는 호스피스 케어에서 남겨진 가족들을 위한 프로그램을 포함시키기도 하고, 자살 시도자나 자살자 가족들을 위한 삶의 희망 찾기를 시도하는 프로그램들도 계획하고 있다. 그러나 많은 사람들이 마음속 동굴에 들어가 나오지 못하고 심리적으로 고통의 시간을 보낸다. 자살자 가족들뿐만 아니라, 복잡하고 살아남기 힘든 시대를 살아가는 오늘날의 다수가 정신 건강의 사각지대에서 낮은 숨을

쉬며 고통 속에 숨어 있지 않을까. 자살 문제와 관련하여, 우리 사회는 자살 예방의 중요성을 강조하고 있지만, 동시에 남겨진 가족들의 상처와 아픔을 치유할 수 있는 주변의 노력이나 사회적 노력도 다해야 할 것이다.

자살, 그리고 우울

자살의 원인으로 우울증이 회자된다. 더 이상 삶의 의욕이나 기쁨이 없는 상태가 지속될 때 스스로 죽음을 택하기도 한다는 것이다. 자살이 사회적 이슈가 되면서, 우울증에 대한 관심도 높아지고 있다. 물론 일부에서는 할일 없고 팔자 좋은 사람들이나 걸리는 것이 우울증이라며, 먹고살기 바쁜데 언제 우울할 틈이나 있느냐고 하지만, 우울감은 누구나 걸릴 수 있는 현대인의 마음의 감기이다. 사회적 고립이나 억압을 경험하는 사람들에게서 더 흔하게 나타난다. 여성이 남성보다, 장애인이 비장애인보다, 노인이 젊은이보다 더 높은 우울감을 보인다는 자료들을 보면, 우울감은 사회적 억압과 사회적 관계 속에서의 자기 인식과 연결된 것임을 알 수 있다. 즉, 우울감은 의료적인 차원에서의 치료도 중요하지만, 사회적 관계 속에서의 자기 인식이나 사회 억압의 문제이기 때문에, 거시적으로는 사회구조적 차원의 변화와 미시적으로는 자기 인식의 변화가 중요한 해결책인 것이다.

우울의 반대, 행복감을 위한 노력

유학길에 오르기 전 유학에 대한 환상이 있었다. 그러나 그 환상은 몇 주가 안 되어 깨지고 말았다. 새로운 환경에서 생활과 학업을 모두 해결해 나가야 하는 상황이었고, 이내 향수병과 비슷한 우울감이 찾아왔다. 학교를 지원할 때 추천서를 써 주신 분께서 외로움과 영어로 인해 많은 어려움을 겪을 것이라고 말씀해 주셨을 때에도, '영어는 힘들지 몰라도, 난 외로움을 탈 사람은 아니야'라고 장담했었다. 하지만 이제는 누군가 유학을 간다고 하면 "영어, 외로움, 건강, 돈," 이 4가지가 해결되면 성공적인 유학 생활을 할 수 있을 것이라고 조언해 준다.

나의 경우, 낯선 이국땅에서의 학업과 언어의 어려움 그리고 장애인이자 여성이자 이방인으로서 겪는 경험들이 나의 자존감을 떨어뜨리고 고립감을 높였다. 자살까지는 아니더라도, 상당 시간 우울했던 기억이 난다. 많은 유학생들이 이러한 경험을 하고 나름의 타개책을 찾듯이, 당시에 나는 행복해지려는 노력들을 하나씩 시도했다. '우울해? 그럼, 우울의 반대는 행복이니까, 의도적으로 행복해지는 연습을 하자'라고 생각하며, 거울을 보고 하루에 적어도 한 번씩은 크게 웃으면서 "넌 지금 아주 잘하고 있어"라고 스스로를 칭찬해 주었다. 그리고 친구들을 만나서 수다도 떨고, 아이스크림을 먹으면서 한국 드라마를 다운받아 보거나, 햇볕 좋을 때는 무작정 나가서 걷기도 했고, 밤에는 따뜻한 물에 샤워를 하면서 부정적인 생각은 떨쳐 내고 기분 좋은 상태를 만들려고 여러 가지 시도를 했었다. 이러한 노력들은 자아 존중감과 사회적 지지를 높이는 데 기여했을 것이라 생각한다. 많은 연구자들이 스스로를 가치 있다고 여기는 자아 존중감이나 주변에 나를 지지하는 이가 있다고 믿는 사회적 지지의 정도는 우울감을 낮추는 데 기여한다고 보고하고 있는데, 나의 생활 속 행복을 찾는 시도들은 다름 아닌 자아 존중감과 사회적 지지를 높이는 시도였던 것이다.

사회적 지지, 함께함의 힘

마음의 감기라 일컬어지는 우울증을 단속하려면, 행복해지는 연습을 많이 해야 한다. 다른 유학생들은 외로움이나 우울감으로 인해 힘들 때면 애완동물을 기르거나 본국으로 돌아가서 결혼을 하고 배우자를 유학지로 데려오기도 했다. 혼자가 아니라는 생각만으로도 우울감 해소에 상당히 도움이 되고, 나를 믿고 지지해 주는 사람 1명의 힘은 살아갈 이유의 시발점이 될 수도 있는 것이다.

내가 경험한 유학지에서의 우울감이 어느 정도 심각했는지 이제는 기억도 잘 안 나지만, 분명한 것은 주변의 친구들이 있었기에 잘 지낼 수 있었다고 생각한다. 나를 지지해 주고, 같이 웃고 떠들고, 같이 밥을 먹는 것, 서로에게 친구가 됨으로써 우울감보다는 행복감을 높일 수 있었다. 함께함의 힘은 기대 이상으로 크다. 자살자 가족으로 남은 이들도, 또 우울이라는 마음의 감기를 앓고 있는 이들도, 혼자보다는 함께함 속에서 수월하게 어려운 시간이나 위기를 넘길 수 있을 것이다. 한국 사회, 자살 공화국이라는 별칭을 얻었고, 우울증을 겪고 있는 사람이 6명 중 1명이라고 하지만, 동시에 우리는 아직 서로의 삶에 따뜻한 지지를 보내 줄 수 있는 정(情)의 문화를 가진 나라로서, 서로서로의 행복감을 높여 볼 기대를 할 수 있지 않을까?

새해 계획에 "주변 사람들에게 관심 갖기" 계획을 하나씩 추가해 보기를 권한다. 경쟁적인 환경과 바쁘게 돌아가는 삶 속에서 머뭇거리거나 주변을 챙기다 보면, 내 삶이 한 박자 늦어질 수도 있지만, 대신에 누군가 좀 더 행복할 수 있을 것이다. 함께한다는 것, 관심을 나누고 서로의 삶에 공감한다는 것, 그것이 갖는 힘은 나를 바꾸고, 우리를 바꾼다. 2013년부터는 정부에서도 매년 국민 정신 건강 실태 조사를 한다고 하며, 자살 예방 지원 센터를 전국 각지에서 운영할 계획이라 한다. 이러한 사회적 노력과 더불어 서로 함께하고자 하는 개인의 노력들이 더해져, 우리 모두의 행복감 증진에 기여했으면 좋겠다.